电梯出口指南丛书

电梯出口指南

（出口新加坡篇）

主　编　阮一晖　陈雪明
副主编　蒋元栋　陈　聚

苏州大学出版社

图书在版编目(CIP)数据

电梯出口指南. 出口新加坡篇 / 阮一晖,陈雪明主编. —苏州:苏州大学出版社,2019.10
ISBN 978-7-5672-2954-9

Ⅰ.①电… Ⅱ.①阮… ②陈… Ⅲ.①电梯-安全管理-法规-汇编-新加坡 Ⅳ.①D912.297.9

中国版本图书馆 CIP 数据核字(2019)第 223650 号

书　　名：电梯出口指南(出口新加坡篇)
主　　编：阮一晖　陈雪明
责任编辑：肖　荣
装帧设计：吴　钰
出版发行：苏州大学出版社(Soochow University Press)
出 版 人：盛惠良
社　　址：苏州市十梓街 1 号　邮编：215006
印　　装：常州市武进第三印刷有限公司
网　　址：www.sudapress.com
邮　　箱：sdcbs@suda.edu.cn
邮购热线：0512-67480030
开　　本：787 mm×1 092 mm　1/16　印张：10.25　字数：228 千
版　　次：2019 年 10 月第 1 版
印　　次：2019 年 10 月第 1 次印刷
书　　号：ISBN 978-7-5672-2954-9
定　　价：38.00 元

凡购本社图书发现印装错误,请与本社联系调换。
服务热线：0512-67481020

前言 Preface

2017年10月16日,国家质量监督检验检疫总局印发的《特种设备安全与节能事业发展"十三五"规划》积极倡导我国特种设备产品和服务走出国门。2018年2月9日,国务院办公厅印发《关于加强电梯质量安全工作的意见》(以下简称《意见》),该《意见》指出,支持电梯产品出口,鼓励电梯企业"走出去",全面提高中国电梯品牌知名度和竞争力。

中国已经成为全球最大的电梯市场和生产基地,一些电梯企业发展迅猛,制造的电梯不仅销往国内市场,还不断开拓国际市场。国外电梯市场潜力巨大,尤其是"一带一路"倡议得到了越来越多国家和国际组织的积极响应,受到国际社会广泛关注,影响力日益显现。

本系列丛书深入介绍国外的电梯法律法规、标准以及合格评定和使用要求等内容,为中国电梯制造企业提供政策引导和技术支持,有利于中国电梯制造企业赢得宝贵时间,把握市场机遇,为更好地开拓国外电梯市场提供指引,助推我国电梯产业沿着"一带一路"走向世界,对于造福其他国家的人民产生积极作用。

目录 Contents

第一章 新加坡电梯的相关法律法规和标准 / 1

    第一节 新加坡电梯行业发展概况 / 1

    第二节 新加坡电梯法律法规 / 4

    第三节 新加坡电梯标准 / 54

第二章 新加坡电梯的监管和合格评定 / 80

    第一节 新加坡电梯的监管 / 80

    第二节 新加坡电梯的合格评定 / 83

第三章 新加坡电梯的使用要求 / 105

    第一节 电梯的维护保养 / 105

    第二节 电梯的紧急操作 / 109

    第三节 其他相关要求 / 113

第四章 新加坡电梯标准与我国电梯标准的差异 / 114

附录 新加坡电梯承建商列表 / 145

第一章
新加坡电梯的相关法律法规和标准

第一节 新加坡电梯行业发展概况

一、新加坡经济、社会、文化发展概况

新加坡位于东南亚,毗邻马六甲海峡南口,是马来半岛最南端的一个热带城市岛国。根据新加坡统计局的官网统计,其国土面积约为719.2平方千米,人口约564万人(截止到2018年6月)。2017年国内生产总值约3 239.07亿美元,人均国内生产总值约57 714美元。新加坡是继纽约、伦敦和中国香港之后的世界第四大金融中心,也是亚洲重要的服务和航运中心之一。新加坡是东南亚国家联盟(ASEAN)成员国之一,也是世界贸易组织(WTO)、英联邦(The Commonwealth of Nations)以及亚洲太平洋经济合作组织(APEC)成员经济体之一。它是全球经济最具活力、前景持续看好的新兴经济体之一。

二、新加坡与中国的双边贸易

新加坡在我国建设"一带一路"特别是"21世纪海上丝绸之路"中发挥了积极的作用。据统计,2015年新加坡对华投资占"一带一路"沿线64个国家对华投资总额的80%以上,中国对新加坡投资占中国对"一带一路"沿线国家投资总额的33.49%,中新贸易额占中国与"一带一路"沿线国家贸易总额的8%,新加坡的地位和作用凸显。目前中国是新加坡第一大货物贸易伙伴、第二大服务贸易伙伴、对外投资第一大目的国。2013年以来,新加坡为我国第一大外资来源国、第三大外派劳务市场。2015年新加坡成为我国第二大对外直接投资目的国。

2016年中国电梯产量77.6万台,电梯出口7.64万台,出口量比2015年增长3%。从出口目的地来看,马来西亚、新加坡、泰国、韩国、印度是中国电梯产品主要需求国。

据新加坡电梯协会相关负责人介绍,新加坡有超过50%的国民日常出行所使用的电梯均来自快意电梯这家中国电梯品牌生产厂商。从2006年开始,快意电梯已经累计为新加坡建屋发展局(HDB)、新加坡陆路交通管理局、滨海精品私人高档住宅等项目提供电梯超过6 000台,连续6年成为新加坡建屋发展局战略核心电梯供应商。

三、新加坡电梯行业发展概况

在新加坡这样一个寸土寸金的地方，摩天大楼鳞次栉比。新加坡政府规定，五层及五层以上的建筑必须安装电梯。据新加坡建设局统计，截止到2018年，新加坡电梯拥有量已经达到6.7万台（2014年新加坡电梯拥有量为5.1万台），自动扶梯的拥有量超过6 000台。每万人拥有电梯约110台，即约90人拥有一台电梯，其电梯人均占有量走在世界前列。新加坡的电梯维保人员超过2 100名。在新加坡设立分公司的世界知名电梯企业有KONE、HITACHI、Fujitec等，另外还有新加坡国内较大的电梯整机经销商Swee Hin，部件经销商Unilift Components Pte. Ltd.等企业。电梯承建商有Elevator SG、AsiaTeck Industrial Supplies、Fujitec、Ken-Jo、Gylet等。据新加坡住建局官网统计，截止到2019年2月27日，新加坡共有164家电梯承建商，从事电梯的安装、维护保养、改造和修理工作，如HP Elevator & Engineering、2002 Elevator、9G Elevator、ACCESS BUILDERS、ALERT、XJ Elevator、Eletec、VM等电梯公司。

四、新加坡进出口贸易管理

（一）进出口贸易管理部门及货物进口准证

新加坡国际企业发展局（International Enterprise Singapore，简称企发局或IE Singapore）隶属于新加坡贸易与工业部，是新加坡对外贸易主管部门。它是促进新加坡企业开展海外经济合作，协助新加坡企业国际化的主要组织，其主要任务是促进国际贸易和国际化，宣传新加坡作为国际企业都会的形象，以及提升以新加坡为基地的出口能力。

贸易交换网（Trade Exchange Network）系统是新加坡全国范围内的贸易电子信息交换系统，能让公共和私营部门在此平台上交换电子贸易数据和信息。一般情况下，在新加坡开展进出口或者转运业务必须在贸易交换网（www.tradexchange.gov.sg）上获得相关业务准证。货物进口到新加坡前，进口商须通过贸易交换网向新加坡关税局提交准证申请。如符合有关规定，新加坡关税局将签发新加坡进口证书和交货确认书给进口商，以保证货物真正进口到新加坡，防止出现贸易转移或进出口到被禁止的目的地。

（二）关税

新加坡《海关法》规定，进口商品分为应税货物和非应税货物，应税货物包括石油、酒类、烟类和机动车辆等四大类商品，非应税货物为除上述四大类商品之外的所有商品。应税货物和非应税货物进口到新加坡都要征收7%的消费税，应税货物除征收消费税外，还须征收国内货物税和关税。

随着中国和新加坡贸易往来的不断加强，尤其是中国和新加坡两国政府的合作项目——苏州工业园区的创建，开创了中外经济技术互利合作的新形式。2008年10月，两国政府签署了《中华人民共和国政府和新加坡共和国政府自由贸易协定》，新加坡成为首个和中国签署全面自贸协定的东盟国家。该协定涵盖货物贸易、服务贸易、人员流动、海关程序、技术性贸易壁垒等诸多领域。根据该协定,新加坡在2009年1月1日取消全部自华进口产品关税,中国在2012年1月1日前对97.1%的自新进口产品实现零关税。

电梯作为非应税货物,新加坡从中国进口电梯仅征收7%的消费税,货物税和关税全免。正是由于中国和新加坡的贸易优惠政策,我国电梯出口至新加坡具有价格上的优势。

第二节　新加坡电梯法律法规

一、概述

与大多数 WTO 成员一样,在新加坡的法律法规体系中,并不存在独立的"技术法规"这一层次。这是因为"技术法规"并不是一个纯粹的法律概念,它只是 WTO/TBT 协定中用来描述强制性执行的技术文件的统称。在表现形式上,技术法规可以是法律法规,也可以是政府部门的规章制度。新加坡有关产品的国家级技术法规分散于法律法规体系,既可出现在议会制定的成文法即法案(Act)中,也可出现在政府各部门制定的条例、要求、规范等文件中。

新加坡法律法规的制定主体有两类:一类是立法机构即议会,一类是经法律授权的政府机构。新加坡电梯法律法规表现为两个层次。

1. 第一层次为议会制定的法律

新加坡是一个法制比较健全的发达国家,政府非常重视公众安全,尤其是工作场所的安全。为了从源头上遏制和减少事故的发生,新加坡政府出台了多部法律法规,与电梯有关的法律主要有三个,分别是《工作场所安全与卫生法》《建筑控制法》《建筑维护与各阶层管理法 2004》,这些法律无疑从源头上控制和减少了电梯危险事故的发生,对电梯制造单位、政府主管部门、工作场所业主和雇员的权利和责任提出明确具体的要求,促使各阶层人们树立法制意识和安全意识。同时对违法者实施严厉的处罚,处罚包括罚款、监禁或两者并罚。

《建筑物维护与各阶层管理法》(Building Maintenance and Strata Management Act),涵盖对电梯、管道、电缆等设备设施的管理,新加坡国家发展部建设局的建筑总监(Commissioner of Building)负责该法的实施。《建筑控制法》(Building Control Act)和《工作场所安全与卫生法》(Workplace Safety and Health Act)均由立法机构制定。

2. 第二层次为政府机构根据法律授权制定的法规

为了有效实施上述三部法律,在三部法律颁布以后相关部门都及时制定相应的附属法规、条例和规则。《建筑物维护与各阶层管理法》授权新加坡国家发展部制定《建筑物维护与各阶层管理(电梯、自动扶梯和建筑管理)规则 2018》[Building Maintenance and Strata Management (Lift, Escalator and Building Maintenance) Regulations 2018],《建筑控制法》授权新加坡国家发展部制定《建筑控制条例 2003》(Building Control Regulations 2003),《工作场所安全与卫生法》授权新加坡人力资源部制定《工作场所安全与卫生(基本要求)条例》[Workplace Safety and Health (General Provisions) Regulations],《工作场所安全与卫生(事故报告)条例》[Workplace Safety and Health (Incident Reporting) Regulations],《工作场所安全与卫生(风险管理)条例》[Workplace Safety and Health (Risk Management) Regulations],

它们是专属于电梯管理的法规。

与电梯相关的最重要的法规《建筑物维护与各阶层管理（电梯、自动扶梯和建筑管理）规则2018》明确了建筑物业主、电梯承建商、电梯专业工程师和建筑总监的职责，通过立法形式明确规定所有建筑物和共用产业的维修保养周期，包括电梯的维修保养、安全监控周期、电梯管理责任、各有关使用方的权利和义务、违章违规的处罚，促使各阶层人们树立法制意识和安全意识。对于违反该规则的人员处以最高5 000新加坡元的罚款。

新加坡安全方面的法律法规有很强的可操作性和针对性，新加坡的一些电梯管理模式值得我国借鉴。

二、法律

1.《建筑物维护与各阶层管理法》

新加坡国家发展部制定了关于建筑物以及公共场所内设施管理和保养方面的法规，对违反该法规者采取相应的处罚措施。新加坡国家发展部根据该规定制定的与电梯相关的附属法规为《建筑物维护与各阶层管理（电梯、自动扶梯和建筑管理）规则2018》。

2.《工作场所安全与卫生法》

新加坡政府一直致力于打造更安全的工作场所，自2005年起对工作场所安全卫生框架进行改革，采取明确各方责任、制定行业标准、加大惩罚力度等措施，转变监管方式，改善工作场所安全卫生状况。2006年3月1日《工作场所安全与卫生法》正式实施，该法规定了事故报告、工厂注册、急救、风险管理的基本原则，涉及机械安全、电气安全、封闭空间作业、火灾预防、危险品、安全与卫生管理体系等内容。它适用于工厂、建筑工地、办公室、酒店、餐馆、医院等，其中包括设置电梯的工作场所。该法鼓励从高级管理层到最基层的所有工作人员在工作场所养成良好的安全习惯，要求工作场所的每位员工采取合理的实际行动，共同努力，确保每个工作场所及每位员工的安全与健康。

该法明确的利益相关方涉及业主、雇员（包括兼职员工和实习生）、安装或生产商、制造商或供应商、住户和个体户。

该法的三个指导原则为：

（1）从源头降低风险；

（2）行业之间提倡安全与卫生成果；

（3）对不良的安全管理处以高额罚款，以防止事故发生。

业主有责任提供安全的工作场所，并要做到以下几点：

（1）对危险源进行风险评估，采取有效措施控制风险；

（2）确保工作环境安全；

（3）对机器、设备、车间、物品等采取必要的安全措施；

（4）给员工提供必要的安全指示和培训，并对其进行监督。

业主须对雇员和承建商在公共区域使用的设备（包括电梯）负责，如果其他人在该工作场所使用电梯，也由业主负责。与电梯有关的附属法规为《工作场所安全与卫生（风险管理)条例》和《工作场所安全与卫生(基本要求)条例》。工作场所安全与卫生总监在副总监及指定巡查员的协助下,负责确保所有工作场所符合安全与卫生法规。

3.《建筑控制法》

该法规定了建筑市场及管理的基本原则。任何违反该法的相关人员会面临不超过10 000新加坡元的罚款或者6个月的监禁,或者两者并罚。新加坡国家发展部就电梯的制造、安装和检验制定了相应的法规。《建筑控制条例2003》是根据该法的要求对具体情况进行进一步明确而制定的电梯方面的附属法规。

三、法规

1.《工作场所安全与卫生(基本要求)条例》

该条例适用于所有工作场所,包括工厂、企业、公共设施等。该条例规定,工作场所内的电梯须由专业工程师测试和检查合格后才能使用,电梯使用合格证由专业工程师签发。工作场所内的电梯检验周期至少为6个月,也可以由建筑总监确定电梯检验周期。工作场所内的电梯井道必须用门围起来,层门关闭时应防止人员坠入井道或者接触到电梯的运行部件。层门应配置锁紧装置或其他装置以确保电梯层门不会被打开,电梯停靠在层门处除外。层门和轿门都关闭时电梯才能运行,轿门打开时电梯应停止运行,电梯层门应由耐火材料制成。电梯的制造和井道围壁的施工应能防止人员或者货物夹在电梯部件与固定结构之间,也要防止夹在对重与电梯的运行部件之间。电梯上须张贴标有额定载重量的标识,且该标识易于被识别。电梯满载情况下应能安全运行,电梯超载应不能运行。工作场所内的电梯应配置防止电梯越程的自动装置。如果电梯悬挂装置采用绳或链,轿厢应至少单独连接2根绳或链,每根绳或链及其附属部件应能承载满载的电梯,满载情况下电梯应有防止绳或链断裂的措施。封闭的井道应由耐火材料制成,井道顶部封闭时易于烧坏的材质除外,顶部排风装置也除外。当遇到电梯只有通过维修才能使用的情况,或者电梯检验完成后未满28天,专业工程师都应告知工作场所安全与卫生总监。

违反该条例者会面临20 000新加坡元的处罚或者不超过2年的监禁,或者两者并罚。

2.《工作场所安全与卫生(风险管理)条例》

该条例以降低工作场所风险为目的,详细拟定了排除风险或降低风险的措施。每位业主、承建商和分包商都必须对工作场所内的安全与卫生风险进行评估,评估可由自己完成,也可以委托风险评估顾问完成。对工作场所进行评估有三个基本步骤,分别为危险识别、风险评估和风险控制。

如果风险不能排除,须采取合理可行的方法降低风险,这些方法包括替换法、工程控制法、行政控制法和提供合适的个人防护装备。风险评估至少每三年进行一次,必要时需缩短评估周期。

第一次违反该条例者会面临10 000新加坡元的处罚,多次违反该条例者会面临20 000新加坡元的处罚或者不超过6个月的监禁,或者两者并罚。

3.《建筑控制条例2003》

该条例是为了有效实施《建筑控制法》第49条的规定,由新加坡国家发展部制定的。

其中给出了电梯的定义,电梯指轿厢、平台或其他装置在基本垂直的方向上沿着导轨运行且用于运送人员或者货物的设备,这里不包括施工现场临时用的升降机,也不包括杂物电梯或仅能运送货物的设备。

该条例还规定未经建筑总监的许可,任何人不得在新加坡安装电梯。建筑总监有权允许相关人员安装电梯。电梯须安全运行,不应有过大的加速度和减速度。5 层及 5 层以上的建筑至少需安装一台客梯。电梯内饰或者其他固定物须采用机械紧固件的方式加以固定。

违反该条例者会面临 20 000 新加坡元的处罚或者不超过 12 个月的监禁,或者两者并罚。

4.《建筑物维护与各阶层管理(电梯、自动扶梯和建筑管理)规则2018》

该规则由新加坡国家发展部部长签发,自 2019 年 1 月 15 日开始实施。本规则共分为五个部分:

第一部分"序言",主要内容是引言和定义。

第二部分"建筑物维护保养",主要内容是关于外墙油漆、门和栅栏的要求。

第三部分"电梯维护保养",主要内容是本部分的适用范围,电梯的使用、检查、检验和测试,电梯使用许可证的申请,电梯的暂停使用和停止使用,处于良好运行状态的电梯,电梯的定期维护保养,电梯事故和故障的调查,电梯承建商、业主、专业工程师的职责。

该部分适用于除具有以下用途之外的电梯:

(1) 仅用于货物或材料的运输、堆放或装卸的电梯;

(2) 仅用于运输车辆的机械化车辆驻停系统;

(3) 仅用于提升物料并送入机器或把物料直接送入机器的起重设备;

(4) 舞台或管弦乐队升降机;

(5) 连接至在建楼宇的电梯或升降机,仅供楼宇的建设人员使用或运送物料;

(6) 用于游乐设施的升降机。

第四部分"自动扶梯维护保养",主要内容是自动扶梯的使用、检查、检验和测试,自动扶梯使用许可证的申请,自动扶梯的暂停使用和停止使用,处于良好运行状态的自动扶梯,自动扶梯的定期维护保养,自动扶梯事故和故障的调查,自动扶梯承建商、业主、专业工程师的职责。

第五部分"其他要求",主要内容是妨碍公务、废除、保留和过渡条款。

最后是附录,详细描述了电梯和自动扶梯维护保养的要求。电梯维护保养的项目有 20 项,涉及层门、轿门、限速器、安全钳、轿厢紧急报警装置、制动器等重要部件;自动扶梯维护保养的项目有 11 项,涉及制动器、超速保护、防逆转保护、防攀爬、紧急停止开关等。在新加坡自动扶梯和自动人行道统称为自动扶梯。

该规则对电梯业主、电梯承建商、专业工程师的职责和权限,投入使用前对电梯进行的检验和测试,以及需要向建设局递交的文档资料等做出了规定。其具体职责要求见表 1-1。该规则中的电梯是指任何被安装或附属在楼宇或建筑物的永久装置,通过动力而非手动的方式在近乎垂直或者完全垂直的方向上升降轿厢、笼或者平台上的人或货物,包括利用支撑结构、机械装置、齿轮和围壁来连接电梯。其中,轿厢、笼或者平台是通过一根或多根导轨来约束并沿近乎垂直或者完全垂直的方向运行的。自动扶梯是指带有循环运行的梯级和扶手带,用于楼层之间倾斜运送乘客的电力驱动设备,还包括自动人行道。

表1-1 与电梯相关的各当事人的职责

当事人	主要责任
电梯业主	a. 楼宇外墙的油漆是在不超过7年或类似时间间隔内涂刷,或者在特殊情况下可以按照建筑总监的要求超出上述时间间隔涂刷外墙,并达到建筑总监的要求;外侧有孔门和栅栏受损时应及时修理,如上漆,须达到令建筑总监满意的油漆效果。违反者会面临不超过3 000新加坡元的罚款。 b. 自2016年11月1日起,所有安装自动扶梯的业主须雇佣有资质的自动扶梯承建商每月对自动扶梯进行维护保养。 c. 在电梯专业工程师在场的情况下,电梯业主委托有资质的电梯承建商按要求对电梯进行检查、检验和测试。电梯专业工程师签发合格证后,按照建筑总监的要求递交文档资料,在检查、检验和测试合格后三个月内向建筑总监申请电梯使用许可证。电梯使用许可证的有效期为12个月。自2017年9月1日起,在电梯使用有效期内电梯业主须在电梯内的显著位置张贴电梯使用许可证,否则会面临不超过5 000新加坡元的罚款。自2018年3月1日起,自动扶梯和自动人行道的使用许可证须张贴在其附近显著位置。 d. 在电梯改造或更换作业之前,电梯业主必须书面通知建筑总监。 e. 电梯业主收到来自建筑总监暂停使用电梯的告知,应立即暂停使用电梯,只有建筑总监通过书面形式告知业主取消暂停使用电梯后,电梯才能再次投入使用。 f. 电梯业主收到来自建筑总监停止使用电梯的告知,应立即停止使用电梯。如果电梯业主因自身原因打算永久停止使用电梯,则在停止使用前须告知建筑总监。 g. 自2016年7月25日起,电梯发生事故或故障应及时告知新加坡建设局。
电梯承建商	a. 每年须对电梯进行检查、检验和测试。对电梯进行检查、检验和测试应满足相关标准等要求,其他电梯按照制造单位的建议或标准对电梯进行检查、检验和测试。 b. 每个月至少对电梯保养一次并保存每一台电梯的所有维保记录(包括试验证书和其他文件),自该事件或该记录形成后至少保存5年。 c. 电梯承建商在维保期间所发现的任何电梯运行不安全的情况应告知建筑总监,且电梯维保协议终止时也应告知建筑总监。 d. 自2016年7月25日起,电梯发生事故或故障应及时告知新加坡建设局。
专业工程师	a. 专业工程师在《电梯检查、检验和测试合格证》中声明:在专业工程师在场的情况下电梯承建商对电梯进行检查、检验和测试,认定电梯处于适合运行的状态。声明中涉及错报或容易引起误解的内容属于违法行为,会面临不超过5 000新加坡元的罚款。 b. 电梯专业工程师不应是业主或实施电梯检查、检验和测试的电梯承建商的合作方、协作方、领导、官员或者雇员。

续表

当事人	主要责任
建筑总监	当存在以下情况时,建筑总监通过书面形式告知电梯业主,要求其暂停或停止使用电梯: a. 电梯处于危险状态或有可能对人员造成伤害。 b. 出于公众安全的考虑。 c. 电梯业主违反或者正在违反关于电梯使用许可证的要求。 d. 在申请电梯使用许可证期间,提供的信息或文档有相关内容存在虚假或容易产生误导的情况。

5.《消防安全(建筑和管道消防安全)条例》

该条例给出了建筑内的"消防电梯""消防电梯的前室""避难空间""耐火等级""烟雾探测器""烟雾控制系统"等术语的定义。"消防电梯"指一种对火灾有一定防御功能的电梯,专用于消防员在紧急情况下从电梯层门顺利进入电梯实施救援任务。"消防电梯的前室"指一种受到一定防护且在消防电梯开门的情况下消防员可直接进入的可通风的前室,该前室可直接通往受防护的楼梯间实施救火。

该条例规定,建筑大楼除了应满足《建筑控制法》和《建筑控制条例2003》的要求之外,建筑大楼的平面图还应包含或者能以独特的颜色清晰显示在用消防电梯或者规划中的消防电梯及消防电梯前室的位置。

四、处罚

1. 违法行为的界定

法律法规均规定任何违反电梯安全管理相关法律法规的行为一律视为违法行为。其中,违反《工作场所安全与卫生法》的行为按照犯罪类型定罪。

2. 处罚类型

主要处罚类型有罚款和吊销许可证(包括电梯专业工程师、电梯承建商、电梯使用等许可证或执照),严重违法者可处以监禁。表1-2列出了各种违反《工作场所安全与卫生法》的行为所受的最高罚款金额和最长监禁时间。

个人违反《工作场所安全与卫生法》会面临最高达200 000新加坡元的罚款,或者面临最长达2年的监禁,或者两者并罚。法人机构违反该法会面临最高达500 000新加坡元的罚款。

个人曾经违反《工作场所安全与卫生法》并导致人员死亡,如果再次违反该法并导致人员死亡的,除了监禁外,还会面临最高达400 000新加坡元的罚款,相应的法人机构会面临最高达1 000 000新加坡元的罚款。

表1-2 处罚类型

违法行为	最高罚款(单位:新加坡元)	最高监禁年限	备注
个人违反该法	200 000	2年	其中一项或者两者并罚
法人机构违反该法	500 000	—	—
工人未按规定佩戴个人安全装备或安全工具使用不当	初次违规者罚款1 000,第二次或屡犯者罚款2 000	—	—
第二次或屡次违反该法,并造成他人死亡的 a. 个人 b. 法人机构	a. 400 000 b. 1 000 000	2年	其中一项或者两者并罚
a. 个人拒不执行补救令 b. 定罪后继续违规者	a. 50 000 b. 每违规一天增加罚款5 000	12个月	其中一项或者两者并罚
a. 拒不执行停工令的个人 b. 定罪后继续违规者	a. 500 000 b. 每违规一天增加罚款20 000	12个月	其中一项或者两者并罚

《工作场所安全与卫生(事故报告)条例》还对发生电梯事故未予以上报的情况做出具体的规定:如果工作场所第一次发生电梯事故,而雇主或者业主未报告事故情况,那么人力资源部的安全与卫生司会对其进行5 000新加坡元的罚款;如果再次发生未报告事故的情况,将会面临最高可达10 000新加坡元的罚款或者6个月的监禁。此外,若谎报事故情况,相关人员也将面临5 000新加坡元的罚款或6个月的监禁。

五、事故报告和调查

《工作场所安全与卫生法》的附属法规《工作场所安全与卫生(事故报告)条例》明确规定了相关人员汇报工作场所发生意外事件、危险事故和职业病的责任,电梯发生事故但未造成人员伤亡的情况属于危险事故一类。在工作场所内电梯事故发生后雇主或者业主应及时向人力资源部安全与卫生总监报告事故情况,安全与卫生司可通过此报告确认事故发生地区,并向相关部门发布协调信息,以防止进一步伤亡。另外,电梯事故导致人员伤亡的情况须向建设局的建筑总监报告,事故调查按照《建筑物维护与各阶层管理(电梯、自动扶梯和建筑管理)规则2018》的相关规定进行。向安全与卫生总监报告事故的方式主要有电话、传真以及iReport互联网。

1. 通过电话或者传真向安全与卫生总监通报

电梯事故发生后应尽早通过电话或者传真向安全与卫生总监通报。通过此方式通报事故的主要内容包括以下几点:

(1) 事故发生的日期和时间;

(2) 事故发生的地点;

(3) 伤者或死者的姓名和身份证号码(如有);

(4) 事故的简要描述;

(5) 伤亡性质和严重程度;

（6）报告人的姓名和联系方式。

2. 通过网络平台向安全与卫生总监报告

电梯事故发生后10日内雇主或者业主还须通过 iReport 互联网系统（http://www.mom.gov.sg/ireport）向人力资源部安全与卫生总监报告。通过网络报告事故的主要内容包括以下几点：

（1）事故详细情况，包括事故发生的地点和原因；

（2）伤者或死者的详细情况（如有）；

（3）雇主或业主的详细情况，报告其姓名、机构识别号，如工厂号码或者 ACRA 号及联系方式。

根据《建筑物维护与各阶层管理（电梯、自动扶梯和建筑管理）规则2018》的规定，如果电梯事故致人伤亡，建设局的建筑总监会要求合同期内的电梯承建商7日内做出以下行为：

（1）约请一位电梯专业工程师出具一份事故调查报告；

（2）将这份调查报告提交给建筑控制总监。

电梯专业工程师在规定的时间内提交一份事故调查报告，参与事故调查的人应与此事故无关。建筑控制总监应书面通知电梯业主。任何人未能遵守该要求或建筑控制总监的通知要求属于违法行为，并将被处以4 000新加坡元以下的罚款。

附1　新加坡《工作场所安全与卫生法》指南

序

本指南为2006年3月1日生效的《工作场所安全与卫生法》提供详细说明与指导。

确保工作场所安全人人有责。让每位员工能安全回到家中,不能只靠一个人的力量,而是需要所有相关人员的共同努力。

新加坡政府一直努力打造更安全的工作场所。最近,又出台了几项重要的改革措施,进一步提高职业安全与卫生标准。这一套新准则的目的是在五年内将工作场所的死亡事件减少三分之一,十年或更短时间内减少一半。《工作场所安全与卫生法》是该准则的重要组成部分,以确保每位员工的安全与健康。

导　言

这本手册的内容是什么?

本手册是《工作场所安全与卫生法》的概要指南。

从中你会了解:
- 该法的主要特点。
- 它对每位利益相关者的影响。

什么是《工作场所安全与卫生法》?

《工作场所安全与卫生法》是一套新准则的核心部分。这套准则鼓励从高级管理层到最基层的所有工作人员在工作场所养成良好的安全习惯。该法要求工作场所的每位员工采取合理和实际的行动,共同努力,确保每个工作场所及每位员工的安全与健康。

什么是职业安全与卫生的新准则?

2005年3月,新加坡政府公布提高职业安全与卫生(OSH)标准的几项重要改革措施。这些改革措施的重要性在于,政府意识到只有当每位员工各自承担避免安全事故发生的责任时,工作场所才能达到更高的安全水平。

因此,这套新准则的目的是在五年内将目前工作场所死亡事件减少三分之一,在十年或更短的时间减少至一半。

新准则架构的三个原则:

- 要求所有利益相关者对工作场所危险源头履行职责,彻底消除风险或将风险降低到最低程度。
- 向各大企业灌输职业安全与卫生标准的意识与职责。重点将从遵守指定要求转移到雇主们对工作安全程序履行职责,自行制定相应的安全工作措施,以达到理想的安全效果。
- 新准则架构也将通过重罚来处置安全与卫生管理不当者,以达到预防事故发生的目的。

这套新法主要有哪些变化?

《工作场所安全与卫生法》主要涉及以下几项改革:

- 该法明确了工作场所内所有员工的安全职责,而不仅强调业主的责任。
- 该法强调通过有效的工作场所安全与卫生管理取得实际的安全效果,而不仅是制定规则。
- 该法增加了违规处罚力度。

该法何时生效?

该法自 2006 年 3 月 1 日起生效,取代之前的《工厂法》。

该法的适用范围

《工作场所安全与卫生法》适用于哪些行业与员工?

自 2006 年 3 月 1 日起,《工作场所安全与卫生法》将适用于原在《工厂法》范围内被列为高危险行业的企业,如工厂、船厂、建筑工地等。请参考附件 A 所列出的适用工作场所清单。

为了确保所有工作场所员工的安全,该法的适用范围最终将扩展至所有行业。扩展过程将分阶段进行。

名词解释

什么是工作场所?

工作场所是指人们开展工作的任何处所。

什么是工厂？

工厂是指下列任何一项工作或活动执行的地方：
- 任何物品或物品部件的制作；
- 任何物品的修改、修补、修饰、处理或清洁、洗涤；
- 任何物品的拆卸或拆毁；
- 任何物品的改装。

工厂实例：制造厂、汽车维修车间、造船厂、建筑工地等。

本指南的附件 B 清单列出了所有工厂场所。

谁是利益相关者？

利益相关者是指受该法影响的任何人或团体。

"合理可行"指的是什么？

"合理可行"指的是在存在某一特定风险的情形下，为节约时间、提高效率、降低成本及排除客观困难等采取措施以避免风险。如果该措施可施行，便列为可行措施。

判断该措施是否合理须考虑以下因素：
- 对身体造成伤害或对健康造成危害的程度；
- 对身体造成伤害或危害的风险程度（或可能性）；
- 对危险及消除、降低或控制危险方法的认识；
- 防护措施的可行性、适宜性及成本。

发生风险及可能造成伤害的严重程度应结合消除风险所需的防护措施进行综合衡量。风险越大，花费在消除风险上的精力和成本也越大，可视为合理。

设立防护措施的成本应与没有设立防范措施的后果进行比较，并以客观的态度进行评价。至于雇主是否有能力设立防范措施并不在考虑因素内，尤其是当风险可能造成严重伤害，或风险屡次发生但造成的伤害较为轻微时。

评判一项防护措施是否"合理可行"，有时需要参照相关行业的安全常识或惯例。如果相关危险在该行业内为大家所共知，且防范措施也已制定，那么雇主就不应为自己不知道如何消除相关危险去辩解。

有关合理可行的安全与卫生措施，请参阅以下资料：
- 《新加坡标准与守则》；
- 工作场所安全与卫生咨询委员会发布的 OSH 标准指南。

理解与履行《工作场所安全与卫生法》

根据《工作场所安全与卫生法》,谁应承担相关责任?

该法规定,以下人员应承担相关责任:

雇主:指在劳动合同的约定下,雇佣其他人为自己工作的人。

委托人:指劳动合同以外的安排,委托其他人或机构雇佣劳工或进行某项工作的人。

业主:在注册为工厂的工作场所,业主是指注册证书或经营许可证的持有人;在所有其他工作场所,业主是指在该工作场所内拥有控制权的人,无论他是否是屋主。

承包商:指在劳动合同范围内,被他人或机构聘请并提供劳工或在该工作场所进行工作的人。

制造商或供应商:指制造单位或为工作场所提供所需的机械、设备或危险物质的人。

装配人员或安装人员:指安装或装配工作场所所需的机械、设备、建筑物或人和物件的人。

工人:指参加工作的人,包括雇员(即在劳动合同约定下受雇的人)、志愿者或其他正接受雇主训练或为其他雇主工作的人,如实习生等。

自雇人士:指在劳动合同以外工作的人。

根据本法,各利益相关者的职责是什么?

根据各利益相关者所管辖的区域划分职责范围,在各自负责的范围内确保工作场所的安全。但一个人也可以扮演多个角色。比如,他可能是业主,同时又是工作场所的雇主及委托人。

如果您是雇主或委托人

您必须在合理可行的范围内,确保那些由您管辖的雇员、工人及可能受其工作影响的员工的安全与健康。可采取的措施包括:

- 在工作场所内进行风险评估,以消除或控制可能对工人造成伤害的风险;
- 为工人提供安全的工作场所及设施;
- 确保工作场所内机械设施、设备、工厂、物品、物质及工作程序的安全;
- 制定紧急情况应对措施;
- 为工人提供充分的安全指导、信息、培训和监管。

如果您是业主

您必须在合理可行的范围内确保以下各场所的安全,以免影响他人的安全和健康,即使他人不是您的雇员。

- 工作场所;
- 工作场所的所有进出口;

- 工作场所内的所有机械、设备、厂房、物品或存放的任何物质。

作为业主，您还须对雇员和承包商所使用的公共区域负责。尤其是以下工具，若他人在您的工作场所内使用，也是您的职责所在。

- 位于公共区域的电动机、马达；
- 位于公共区域的起重机、电梯、提升装置、升降设备和提升机械；
- 出入公共区域的工具；
- 位于公共区域的所有机械或设备。

如果您是制造商或供应商

您必须确保提供的所有机械、设备及物品等可安全使用。因此您需要：

- 提供安全使用机械、设备或危险物品的资讯；
- 确保机械、设备或危险品可安全使用；
- 确保机械、设备或危险品已经过测试和检查，并可安全使用。

条例要求范围内的机械、设备或物品清单请参阅附件 C 和附件 D。

如果您是机械安装员或装配员工

您必须在合理可行的范围内确保安装、装配或改进后的机械或设备可安全使用，不会对健康或安全造成危害。

条例要求范围内的机械、设备或物品清单请参阅附件 C。

如果您是雇员

- 必须遵守工作场所设立的安全工作程序和准则；
- 不得危害自己或您身边工作人员的安全；
- 禁止破坏任何安全设施或有任何鲁莽行为；
- 必须在工作时使用个人安全防护装备。

如果您是自雇者

身为自雇者，必须采取合理可行的措施，以确保他人如公众或雇员的安全与健康。

确保工作场所安全人人有责，让每位员工能安全回到家中不能只靠一个人的努力，而应所有利益相关者共同努力。

《工作场所安全与卫生法》的执法架构

谁负责实施《工作场所安全与卫生法》？

工作场所安全与卫生总监，在副总监及指定巡查员的协助下，负责确保工作场所所有工作人员遵守《工作场所安全与卫生法》。

有哪些执法措施可确保该法实施？

以下措施可确保该法实施：

工作场所检查

为确保工作场所的安全,巡查员有权在任何时间进入、巡查、检查任何工作场所。为此,巡查员可以:

- 巡查、检查或复制工作场所内的文件;
- 索取工作场所内发现或丢弃的任何材料或物品样本,用作分析或化验;
- 通过拍照或录像记录工作场所的环境和工作程序;
- 因调查取证所需,取走并扣留工作场所内的任何物品。

对工作场所内发生的意外事故进行调查

安全与卫生总监有权调查工作场所内所发生的意外事故。在调查过程中,巡查员可检查事故现场和工作场所,也可与有关人员面谈,录取证词。被访人员有责任如实陈述并协助调查。

吊销证件

在必要的情况下,安全与卫生总监可吊销任何证件。依据该法签发的证件包括工厂注册证和颁发给检查员的授权证。

签发补救令和停工令

安全与卫生总监也可签发补救令,无论是否存在即刻的危险,都应要求雇主、业主或任何人消除任何工作场所的安全与卫生风险,遵守安全工作准则。这是安全与卫生总监要求雇主加强安全与卫生管理、提高风险评估的首要措施。

安全与卫生总监可签发停工令,要求停止某项工程,直到采取恰当的安全措施,以确保工作能安全进行。停工令一般只在出现严重安全与卫生隐患,并可能随时对员工造成危害的情况下签发。

拒不执行补救令或停工令者将被视为犯法。

罚款

根据安全与卫生总监的裁定对违规行为实施罚款。数项违规并罚时,罚款总额不超过单项违规最高额度的一半或 5 000 新加坡元(取其中较低者)。未在规定期限内交罚款者将受到起诉。

起诉

安全与卫生总监可依据该法律对任何以身试法者进行起诉。若有人受到指控,那么其应向法庭证明:

- 确实遵守法律和相关附属法规;
- 确实遵循经过核准的相关标准与守则或指南;
- 在没有具体法规或指南可依的情况下,已采取合理的防范措施,并已尽职尽力;
- 这件事的起因已超出个人的控制能力,也即违规或事故无法以合理可行的方式避免。

责 与 罚

违反《工作场所安全与卫生法》的处罚方式有哪些？

针对各类违法事件，《工作场所安全与卫生法》规定了各种处罚方式，详见附表1和附表2。

附表1 法律规定的处罚违法行为的通用处罚方式

违反者类别	最高罚款	最高关押年限	备注
个人	S$200 000	2年	其中一项或两者并罚
法人机构	S$500 000	—	—
工人未按规定佩戴个人安全装备或安全工具使用不当	a. 初次违规者罚款 S$1 000 b. 第二次或屡犯者罚款 S$2 000		
第二次或屡次违反同一法规，造成他人死亡的 a. 个人 b. 法人机构	a. S$400 000 b. S$1 000 000	2年	其中一项或两者并罚

附表2 拒不执行补救令或停工令的处罚

违反者类别	最高罚款	最高关押时限	备注
拒不执行补救令的个人定罪后再次违规者	S$50 000 每违规一天增加罚款 S$5 000	12个月	其中一项或两者并罚
拒不执行停工令的个人定罪后再次违规者	S$500 000 每违规一天增加罚款 S$20 000	12个月	其中一项或两者并罚

《工作场所安全与卫生法》的附属法规

《工作场所安全与卫生法》有没有附属的法规？

以下为该法新制定的附属法规，这些法规是对《工作场所安全与卫生法》的细化。
《工作场所安全与卫生法(总则)》
《工作场所安全与卫生(事故报告)条例》
《工作场所安全与卫生(工厂注册)条例》
《工作场所安全与卫生(急救)条例》
《工作场所安全与卫生(风险管理)条例》

《工作场所安全与卫生（豁免）条例》
《工作场所安全与卫生（违规和解）条例》

在今后2～3年内，《工厂法》的所有附属法规都将根据《工作场所安全与卫生法》进行修订。

职业安全与卫生标准的咨询与培训

为履行该法的职责，我能从哪里获得帮助？

已获得认可的安全与卫生专业人员和机构，包括工作场所安全与卫生官员、工作场所安全与卫生审计员、授权检查员和认证培训机构等，可协助相关人员确保工作场所的安全。

附属法规对如何向安全与卫生官员及审计员寻求帮助做出了明确规定。

获得审批和认可的人员与机构名单可查阅新加坡人力资源部网站（www.mom.gov.sg）。

过 渡 期

依据《工厂法》指定的人员和签发或审批的文件是否继续有效？

在《工厂法》到《工作场所安全与卫生法》的过渡期内，依据《工厂法》指定的任何人员，签发或审批的任何文件、证件等都将继续有效（至其有效期截止）。

这些人员或文件示例包括：安全与卫生官员、安全与卫生审计员、授权检查员、委托的工厂医生、工厂注册证书、安全委员会和检查报告。

《工厂法》的附属法规也依然有效。

附件A：受《工作场所安全与卫生法》监管的工作场所

a. 任何工厂场所。

b. 机场内由非机组人员为飞机进行任何检查、检验、清理、装载、拆卸或补充燃料的任何场所。

c. 任何停靠在海港内并进行下列工作的船只：清洗船上的蒸汽炉（包括燃烧室或烟箱），为其除垢、去屑等，清洗槽、底舱，或货舱建造、改造、修补、装配或拆卸。

d. 由非船上工作人员为船只进行装卸和补给的码头、船坞或驳岸。

e. 被《捷运系统法》（Cap 263A）定为铁路地段的任何场所及执行任何铁路检查、测试或维修的场所。

f. 除住宅场所外，使用蒸汽锅炉、蒸汽发生器或储空气器的场所。

g. 任何实验室或进行物品测试、检查及分析的场所。

附件B：视为工厂的场所

有雇员工作的下列场所被视为工厂：

重工业

a. 任何进行船体建造、改造、修补、装备、整修、涂饰或拆卸的场所,包括任何码头、船坞、堤、驳岸及其边界内的区域,亦包括从事类似作业且紧邻上述场所的附近水域,只要作业由场地业主或其他代理人执行。

b. 用于交通工具(如机车、飞机、车辆或其他用具)的建造、改造或修理场所,且上述活动是交通业、其他产业或商业企业的一部分。这些场所不仅是上述交通工具进行清洗、清理或小修的停靠场所。

c. 任何进行建筑施工或工程建设的场所。

轻工业

a. 从事纱或布的钩、编、衬、缠绕、缝制或包装业务的场所。

b. 服装、布景或道具的缝制、改制或修补场所,且上述活动为影片、录音带或唱片制作的一部分,从而以交易或赢利为目的提供公共传播、放映或戏剧表演。这些场所不包括只是偶尔做一些改制或修补的剧院舞台、化妆间等。

c. 作为渔业的一部分而进行渔网制作或修补的任何场所。

d. 以交易或赢利为目的而进行电影制作的场所,不包括与此制作有关的某个演员的活动场所或更衣室。

e. 以交易或赢利为目的,或属于其他商业行为的一部分,而进行活版印刷、平版印刷、凹版印刷、凸版印刷等类似工作的场所或这些印刷品的装订场所。

辅助行业

a. 物品的先期分拣工作场所,后期工作在其他工厂完成,不管该工厂是坐落在新加坡境内还是境外。

b. 与其他工厂的工作有关的洗瓶、装瓶、容器清洗或填充场所,物品包装场所,不管这些工厂是坐落在新加坡境内还是境外。

c. 作为其他商业的连带部分或与任何公共机构有关的洗衣场所。

d. 为任何建筑或工程施工的生产场所。

贮存场所

a. 用于在容器内贮存气体(包括液化气)的场所,容器容量不少于 140 m^3。

b. 用于在容器内贮存大量有毒或易燃液体(不包括液化气)的场所,容器不在地下且容量不少于 5 000 m^3。

公用设施

a. 以交易或赢利为目的,从事发电或与供电有关的工作场所。

b. 用机械动力供水或与供水有关的场所。

c. 使用机械动力的污水处理工厂和与污水处理工程有关的泵站。

一般场所

a. 以交易或赢利为目的的部分业务,利用机械动力从事与物品制造或修理有关的工作场所。

b. 以交易或赢利为目的,或作为另一项业务的部分工程,利用机械动力分拣、包装、处理或贮存物品的工作场所。

附件 C：制造商和供应商有责任保证使用的机械设备安全

a. 钢筋弯曲机。
b. 用于压力作业的设备或管道系统,包括所有法定压力容器。
c. 用于盛装腐蚀性、有毒或易燃物品的设备或管道系统。
d. 喷砂设备,包括此设备操作所需要的所有附属设备、仪器或配件等。
e. 由起爆火药驱动的工具。
f. 叉车。
g. 吊运设备。
h. 用于建造支撑结构的材料或部件。
i. 压力机。
j. 鹰架和用来搭建鹰架的所有材料或部件。
k. 焊接设备,包括使用此设备所需的所有附属设施、仪器或配件。

附件 D：制造商和供应商有责任保证物质可安全使用

a. 致癌物质。
b. 腐蚀性物质。
c. 易爆物。
d. 易燃物。
e. 受压气体。
f. 刺激物。
g. 诱变或致突变物质。
h. 有机过氧化物。
i. 氧化性物质。
j. 引火物质。
k. 自然物质。
l. 自反应物。
m. 增敏物质。
n. 对水体环境产生危害的物质。
o. 遇水产生易燃气体的物质。
p. 致畸剂。
q. 有毒物质。

附2 建筑物维护与各阶层管理（电梯、自动扶梯和建筑管理）规则2018

目 录

第一部分 序言
  1. 引言
  2. 定义
第二部分 建筑物维护保养
  3. 外墙油漆
  4. 有孔门和栅栏
第三部分 电梯维护保养
  5. 本部分的适用范围
  6. 电梯的使用
  7. 电梯的检查、检验和测试
  8. 电梯使用许可证的申请
  9. 申请费
  10. 电梯使用许可证
  11. 电梯的暂停或停止使用
  12. 处于良好运行状态的电梯
  13. 电梯的定期维护保养
  14. 电梯事故或故障的调查
  15. 电梯承建商的职责
  16. 电梯业主的职责
  17. 改造或更换作业时电梯业主和专业工程师的职责
第四部分 自动扶梯维护保养
  18. 自动扶梯的使用
  19. 自动扶梯的检查、检验和测试
  20. 自动扶梯使用许可证的申请
  21. 申请费
  22. 自动扶梯使用许可证
  23. 自动扶梯暂停或停止使用
  24. 处于良好运行状态的自动扶梯

25. 自动扶梯的定期维护保养

26. 自动扶梯事故或故障的调查

27. 自动扶梯承建商的职责

28. 自动扶梯业主的职责

29. 改造或更换作业时自动扶梯业主和专业工程师的职责

第五部分　其他要求

30. 妨碍公务

31. 废除

32. 保留和过渡条款

最后,附录详细描述了电梯和自动扶梯维护保养的要求。

为了有效贯彻《建筑物维护与各阶层管理法》第136条的规定,新加坡国家发展部做以下规定。

第一部分　序　言

1　引言

《建筑物维护与各阶层管理(电梯、自动扶梯和建筑管理)规则2018》由新加坡国家发展部部长签发。自2019年1月15日开始实施。

2　定义

(1) 该规则的一些术语定义如下,有特殊说明的除外。

"法定完工证"指根据《建筑控制法》(Cap.29)的规定颁发的法定完工证,包括根据已废除的1985年版《建筑控制法》颁发的职业资格证书。

"自动扶梯服务承建商"(也可叫作"自动扶梯承建商")指已在建设局注册,由建筑总监认可的最低具备L2或具有等效金融级别的实施电梯安装、改造、更换和保养的承建商。

"家用电梯"指安装于私人住宅且仅供其居住者使用的非公共财产的电梯。

"ISO 4344:2004"指2004年2月1日由国际标准化组织(ISO)出版的2004年版ISO 4344。

"电梯"指任何被安装或附属在楼宇或建筑物的永久装置,通过动力而非手动的方式在近乎垂直或者完全垂直的方向上升降轿厢、笼或者平台上的人或货物,包括利用支撑结构、机械、齿轮和围壁来连接电梯。其中,轿厢、笼或者平台是通过一根或多根导轨来约束并沿近乎垂直或者完全垂直的方向运动。

"电梯服务承建商"(也可叫作"电梯承建商")指已在建设局注册的从事电梯安装、改造、更换和保养的承建商,至少具备由建筑总监认可的L2或等效金融级别。

"使用"指允许电梯或者自动扶梯使用。

"业主"指：

（a）使用电梯或自动扶梯，或者连接有电梯或自动扶梯的建筑物或结构的拥有者、租户或者居住者［除了（b）之外］；

（b）若电梯或自动扶梯是公共财产的一部分，或者是受限公共财产的一部分：

（i）对于建屋发展局（Housing and Development Board）居住区的公共财产，根据《市镇理事会法》（Cap. 329A）创建的市政理事会；

（ii）对于不包括在物业所有权计划内的公共财产或者受限公共财产，收取租金或负责维护公共财产或者受限公共财产的人员，根据《财产法》第10款的规定还包括在评估单内的人员；

（iii）对于包括在物业所有权计划内的公共财产或者受限公共财产，控制公共财产或者受限公共财产的管理公司或子公司，但不包括电梯或者自动扶梯的供应商、供应商的代理商，他们仅由于签订电梯或自动扶梯的销售或安装合同但没有付款或其他原因而不拥有电梯或者自动扶梯的所有权。

"自动人行道"指在循环运行的路径上运送乘客的电力驱动设备，包括在建筑物不同部分之间或两个建筑物之间。

"使用许可证"指根据本规则的规定由总监颁发的许可证。

"动力驱动"指除了人力之外的驱动。

"专业工程师"指：

（a）根据《职业工程师法》（Cap. 253）在电梯或自动扶梯工程专业领域注册为专业工程师；

（b）且在电梯和自动扶梯工程专业领域获得有效的职业证书。

"SS 550:2009"指新加坡标准化、生产力与创新局出版发行的2009年版《电力驱动乘客和载货电梯安装运行及维护保养实施规范》，其一号修改单于2013年12月发布实施。

"SS CP 15:2004"指新加坡标准化、生产力与创新局出版发行的2004年版《新加坡自动扶梯及自动人行道安装、使用及维护保养实施规范》，其一号修改单于2008年2月发布实施。

"斜行电梯"指安装于楼梯上并沿着楼梯运行的带有驱动电机的平台或座椅。

"标准"指：

（a）与电梯或自动扶梯设计相关的标准；

（b）与电梯或自动扶梯改造或更换作业相关的标准。

"临时入伙证"指根据《建筑控制法》的规定颁发的临时入伙证，该证与建筑物或部分建筑物相关，还包括依据已废除的《建筑控制法》的规定颁发的临时入伙证。

"垂直平台升降机"指残障人士专用的垂直升降平台，它沿着轨道在预先设定好的平台之间垂直运行，部分垂直升降平台装有轮椅。

（2）特殊说明。

（a）电梯包括斜行电梯和垂直平台升降机；

（b）家用电梯不包括装于私人住宅中且仅用于居住者使用的斜行电梯和垂直平台升降机。

（3）详见本规则中关于电梯的定义。

（4）详见本规则中关于自动扶梯的定义。

第二部分 建筑物维护保养

3 外墙油漆

（1）外墙如果上漆,那么每个建筑物、公共财产或受限公共财产的业主应确保楼宇满足以下要求：

（a）楼宇外墙的油漆是在不超过7年或类似时间间隔内涂刷,或者在特殊情况下按照建筑总监的要求可大于上述时间间隔涂刷外墙；

（b）达到建筑总监满意的程度。

（2）任何人违反（1）的规定会面临不超过3 000新加坡元的罚款。

4 有孔门和栅栏

（1）当外侧有孔门和栅栏受损时应及时修理,如上漆,须达到令建筑总监满意的油漆效果。

（2）任何人违反（1）的规定会面临不超过3 000新加坡元的罚款。

（3）该规则中"栅栏"指固定资产(不管在陆地还是非陆地)之间或者沿着固定资产的分界线设置的分隔栅栏,包括墙式栅栏和围栏,但不包括挡土墙。

第三部分 电梯维护保养

5 本部分的适用范围

根据《建筑控制规则2003》第29条的规定,这部分适用于经建筑控制总监许可安装的电梯,但不包括以下电梯：

（a）仅用于货物或物料的运输、堆放或装卸的电梯。

（b）仅用于运输车辆的机械化车辆驻停系统。

（c）仅用于提升或者把物料直接送入机器的起重设备。

（d）舞台或管弦乐队升降机。

（e）连接至在建楼宇的电梯或升降机,仅供运送楼宇的建设人员,或运送楼宇建设所需的物料。

（f）用作游乐设施的升降机,其定义由《游乐设施乘坐安全法案》规定。斜行电梯或垂直平台升降机应满足以下要求：

（i）垂直运行方向的最大位移小于 1 000 mm；

（ii）运行时施加的最大力小于 150 N,且一个人乘坐。

6　电梯的使用

（1）除非颁发了电梯使用许可证,或者电梯使用许可证没有被吊销,否则应禁止电梯业主实施以下行为：

（a）使用电梯；

（b）电梯改造或更换后恢复使用电梯。

（2）电梯业主违反（1）的规定是违法行为,且会面临不超过 5 000 新加坡元的罚款。

7　电梯的检查、检验和测试

（1）根据第 8 条的规定,在申请电梯使用许可证之前,电梯业主须雇佣电梯承建商对电梯进行检查、检验和测试。

（a）符合（2）的规定。

（b）电梯专业工程师在场。

（2）（1）（a）的要求是：

（a）对于家用电梯、垂直平台升降机或斜行电梯：

（i）根据电梯制造单位的建议进行检查、检验和测试；

（ii）如果电梯制造单位的建议不适用,根据电梯的设计标准进行检查、检验和测试；

（iii）如果上述（i）和（ii）不适用,由专业工程师提出检查、检验和测试方案,并由建筑总监书面同意；

（iv）如果建筑总监根据 17（4B）（a）的要求认可其他标准或者修改意见,那么根据其他标准或者修改意见进行检查、检验和测试。

（b）对于其他电梯：

（i）根据电梯的设计标准进行检查、检验和测试；

（ii）在（i）不适用的情况下,如果建筑总监根据 17（4B）（a）的要求认可其他标准或者修改意见,那么根据其他标准或者修改意见进行检查、检验和测试；如果电梯制造单位的建议不适用,根据电梯的设计情况选择 EN 8141:2010 或者 ASME 18.12014 的相关规定。

（2A）为避免产生误解,同一台电梯的部件可能适用于不同的要求。

（3）根据（1）的规定,受雇于电梯业主并从事电梯检查、检验和测试的电梯承建商若有以下行为,会面临不超过 5 000 新加坡元的罚款：

（a）未能实施电梯检查、检验和测试；

（b）未能根据（1）（a）或（b）的规定实施电梯检查、检验和测试。

（4）根据上述规定,禁止电梯业主雇佣非电梯承建商对电梯实施检查、检验和测试。

（5）只有电梯承建商才能对电梯实施检查、检验和测试。

（6）违反（4）或（5）的规定属于违法行为，违法者会面临不超过 5 000 新加坡元的罚款。

8　电梯使用许可证的申请

（1）电梯使用许可证的申请必须满足以下条件：

（a）根据第 7 条的规定，从电梯检查、检验和测试起三个月内申请；如果电梯不是在一天内完成检查、检验和测试，日期从电梯检查、检验和测试开始当天计算。

（b）需递交以下材料：

（i）根据 7(1)(b) 的要求，专业工程师签发电梯使用许可证，该许可证的格式由建筑总监来确定；

（ii）特殊情况下按照建筑总监的要求提供文档资料、特定材料和信息。

（2）专业工程师根据(1)(b)(i)的规定在许可证里声明以下内容：

（a）根据 7(1) 的规定，在专业工程师在场的情况下，电梯承建商对电梯进行检查、检验和测试。

（b）专业工程师认定电梯运行状态良好。

（c）根据 7(1) 的规定，专业工程师并非电梯业主或实施电梯检查、检验和测试的电梯承建商的合作方、协作方、领导、官员或者雇员。

（3）申请必须满足以下条件：

（a）根据建筑总监要求的格式由电梯业主向建筑总监申请使用许可证。

（b）涉及一个建筑物内或者连接至一个建筑物的单台或多台电梯，这些电梯属于同一个业主；涉及多个建筑物的单台或多台电梯，这些电梯属于同一个业主。

（c）根据第 9 条缴纳申请费。

（4）如果建筑总监收到申请书，他可能亲自或者委托他人检查或询问其认为有必要审核的申请事宜。

（5）若(2)所述的专业工程师声明的内容有错或容易引起误解，属于违法行为；专业工程师明知该声明内容有错或容易引起误解，会面临不超过 5 000 新加坡元的罚款。

9　申请费

8(3)(c)提及的申请费是：

（a）申请的电梯数量是 10 台或者 10 台以下，每台电梯的申请费是 20 新加坡元；

（b）申请的电梯数量超过 10 台，申请费是在 200 新加坡元的基础上，每台另征收 10 新加坡元。

10　电梯使用许可证

（1）根据 8(1)(b)(i) 关于电梯使用许可证的规定，建筑总监可以无须审核申请电梯使用许可证时递交的相关资料，就可以授权业主使用电梯。

(2) 尽管有(1)的规定,但颁发电梯使用许可证之前或者之后,建筑总监可以在任何时候随机审核申请电梯使用许可证时递交的相关资料。

(3) 电梯使用许可证满足以下条件:

(a) 由建筑总监确定格式;

(b) 可包括适用条件(可由建筑总监确定);

(c) 有效期是 12 个月。

(4) 2017 年 9 月 1 日及以后,在电梯使用许可证有效期内,电梯业主须在电梯内显著位置张贴有效的电梯使用许可证。

(5) 电梯业主违反(4)的规定,属于违法行为,会面临不超过 5 000 新加坡元的罚款。

11 电梯的暂停或停止使用

(1) 建筑总监认为存在以下情况时会书面告知电梯业主,要求其暂停或停止使用电梯:

(a) 电梯处于危险状态或有可能对人员造成伤害;

(b) 出于对公众安全的考虑;

(c) 电梯业主违反或者正在违反电梯使用许可证的要求;

(d) 在申请电梯使用许可证期间,提供的信息或文档有重要内容存在虚假或容易产生误导的情况。

(2) 电梯业主收到(1)中所述暂停使用电梯的告知后应立即暂停使用电梯,只有建筑总监通过书面形式告知业主取消暂停使用电梯的指令后,电梯才能再次投入使用。

(3) 电梯业主收到(1)中所述停止使用电梯的告知后应立即停止使用电梯。

(4) 如果电梯业主因自身原因打算永久停止使用电梯,那么在停止使用前须告知建筑总监。

(5) 存在以下情况时电梯使用许可证失效:

(a) 如(1)所述,建筑总监书面告知业主,要求其停止使用电梯;

(b) 对电梯开始实施改造或更换作业;

(c) 如(4)所述,电梯业主告知建筑总监永久停止使用电梯;

(d) 装有或附属连接有电梯的建筑物或部分建筑物的临时入伙证作废。

(6) 电梯业主违反(2)或(3)的规定,属于违法行为,会面临不超过 5 000 新加坡元的罚款。

12 处于良好运行状态的电梯

(1) 电梯业主应确保:

(a) 电梯一直处于良好的运行状态;

(b) 按照要求对电梯定期维护保养,并检查、检验和测试。

(2) 存在以下情况时,电梯业主须立即停止使用电梯:

（a）存在安全隐患或者可能存在安全隐患；

（b）致使电梯乘客受伤或者可能致使电梯乘客受伤。

（3）电梯业主违反（1）或（2）的规定，属于违法行为，会面临不超过5 000新加坡元的罚款。

13 电梯的定期维护保养

（1）在用电梯的业主须雇佣一家电梯承建商（每台电梯仅有一家电梯承建商）对电梯进行维护保养。

（2）电梯业主雇佣的电梯承建商须按本规则的要求［或者按照（2A）建筑总监认可的其他维护保养的要求］对电梯进行维护保养。

（a）对于家用电梯、垂直平台升降机或斜行电梯：

（ⅰ）根据电梯制造单位的建议对电梯进行定期维护保养；

（ⅱ）若（ⅰ）不适用，则根据电梯设计标准的要求对电梯进行定期维护保养；

（ⅲ）若（ⅰ）和（ⅱ）不适用，则由专业工程师提出定期维护保养方案，并由建筑总监书面同意；

（ⅳ）如果建筑总监根据17（4B）（a）的要求认可其他标准或者修改意见，那么根据其他标准或者修改意见进行定期维护保养。

（b）对于其他电梯：

（ⅰ）根据电梯制造单位关于电梯维护保养的建议对电梯进行定期维护保养。

（ⅱ）定期维护保养的要求按照：

（A）电梯设计标准；

（B）建筑总监根据17（4B）（a）的要求认可的其他标准或者修改意见。

（2A）如果无法按照本规则附件中的规定进行维护保养，电梯承建商可以按照建筑总监的要求向建筑总监提出申请，申请按照其他维护保养的要求进行维护保养，但需建筑总监认可承建商提出的其他维护保养要求。申请方式由建筑总监确定。

（2B）如果维护保养要求不满足本规则附件的要求，且其他维护保养要求不会影响电梯的安全运行，那么建筑总监会认可其他的维护保养要求。

（2C）为避免产生误导，同一台电梯的部件可能适用于不同的要求。

（3）电梯承建商对电梯的维护保养须满足以下要求：

（a）对于家用电梯、垂直平台升降机或者斜行电梯，选择以下两者中频率较高的一项实施维护保养。

（ⅰ）根据电梯制造单位建议的定期维护保养频率对电梯进行定期维护保养（如适用）；

（ⅱ）每三个月维护保养一次。

（b）对于其他电梯，选择以下两者中频率较高的一项实施维护保养。

（ⅰ）根据电梯制造单位建议的定期维护保养频率对电梯进行定期维护保养（如适用）；

（ⅱ）每个月维护保养一次。

(4) 只有电梯承建商才能对电梯实施维护保养。

(5) 电梯承建商违反(1)、(2)、(3)或(4)的规定属于违法行为,会面临不超过 5 000 新加坡元的罚款。

14　电梯事故或故障的调查

(1) 本规则中电梯事故若为以下情形,须进行调查:

(a) 人员死亡或受伤,人员死亡或受伤源自电梯或者电梯的相关设备或机器;

(b) 因某个原因导致电梯主驱动系统失效,电梯主电源失效除外;

(c) 电梯悬挂绳断裂;

(d) 电梯制动器、超载保护装置、安全部件或安全设备失效;

(e) 因某个原因导致电梯层门的互锁装置失效,电气触点不是安全触点的除外;

(f) 因某个原因导致电梯轿门的互锁装置失效,电气触点不是安全触点的除外。

(2) 如果因电梯部件导致电梯事故,电梯业主和电梯承建商了解事故情形后,以下人员须尽快向建筑总监汇报事故情形:

(a) 电梯业主;

(b) 当前实施电梯维护保养、维修或其他作业的电梯承建商。

(3) 应建筑总监的要求,(2)(b)所述的电梯承建商在建筑总监规定的时间内须完成以下任务:

(a) 雇佣一名电梯专业工程师调查事故,并起草事故调查报告;

(b) 向建筑总监递交事故报告。

(4) 建筑总监也可以书面要求(2)(a)所述的电梯业主在规定的时间内递交以下材料:

(a) 与事故相关的信息;

(b) 事故的视频记录;

(c) 由其他专业工程师起草的事故调查报告。

(5) 出于(3)(a)和(4)的考虑,如果电梯专业工程师是电梯业主或者电梯承建商的合作方、协作方、领导、官员或者雇员,且该电梯承建商聘用该专业工程师调查事故,那么应禁止其调查电梯事故,禁止其起草电梯事故报告。

(6) 任何人违反(3)或(4)关于建筑总监的要求,属于违法行为,会面临不超过 5 000 新加坡元的罚款。

(7) 任何人违反(2)或(5)关于建筑总监的规定,属于违法行为,会面临不超过 5 000 新加坡元的罚款。

14A　事故发生后对现场的保护

(1) 本规则第 14 条关于事故方面的要求适用于:

(a) 2019 年 1 月 15 日之前发生的事故,但 2019 年 1 月 15 日未调查完成的事故;

(b) 2019 年 1 月 15 日及之后发生的事故。

(2) 未经建筑总监的同意,任何人(包括与事故有关的电梯业主)不得实施以下行为:

(a) 改造、更换、拆除或加装可能导致事故发生的机器、设备或物品;

(b) 改变事故现场。

(3) 与事故有关的电梯业主必须采取有效且合理的措施防止他人实施以下行为:

(a) 改造、更换、拆除或加装可能导致事故发生的机器、设备或物品;

(b) 改变事故现场。

(4) (1)或(2)所述的行为不会干扰救援工作,也不会影响保障人民生命财产安全的工作。

(5) 任何人违反(2)和(3)的规定,属于违法行为,会面临不超过 20 000 新加坡元的罚款或者不超过 12 个月的判刑,或者两者并罚。

15 电梯承建商的职责

(1) 在雇佣期内实施电梯维护保养的电梯承建商须满足以下要求:

(a) 应建筑总监要求,递交关于电梯故障的调查报告;

(b) 电梯承建商在维护保养期间发现电梯运行不安全须告知建筑总监;

(c) 正在或即将维护保养电梯时,电梯暂停运行,此时在电梯附近合适的位置放置障碍物和屏障,上面写有警示标识。

(2) 如果与电梯承建商签订的维护保养合同中止,那么电梯承建商必须满足以下要求:

(a) 合同中止后 7 日内告知建筑总监。

(b) 合同中止后 14 日内把以下记录移交给电梯业主:

(i) 合同期内的所有维护保养记录(包括专业工程师签发的电梯使用许可证及其他文档);

(ii) 建筑总监按照 13(2A)的要求对电梯承建商提出的关于电梯维护保养的认可文件;

(iii) 按照 16(1)(c)的要求移交给电梯承建商的其他文档。

(3) 电梯承建商无任何理由地违反(1)或(2)的规定,属于违法行为,会面临不超过 5 000 新加坡元的罚款。

16 电梯业主的职责

(1) 电梯业主必须履行以下职责:

(a) 发布或者形成电梯维护保养记录后,保存所有电梯维护保养记录(包括专业工程师签发的电梯使用许可证及其他文档)至少 5 年。

(b) 这 5 年内在需要时向建筑总监或其授权人员递交上述(a)所述的维护保养记录以供其审查。

(c) 与电梯承建商签订维护保养合同后14日内将下列记录移交给电梯承建商：

(i) 与电梯承建商签订电梯维护保养合同之前，所有过去5年内发布或者形成的电梯维护保养记录(包括专业工程师签发的电梯使用许可证及其他文档)的复印件；

(ii) 建筑总监按照13(2A)的要求对电梯承建商提出的所有关于维护保养的认可文件；

(iii) 根据17(4B)(a)的要求，建筑总监对形成的其他标准或者修改意见的认可文件，以及根据17(4B)(b)的要求，建筑总监对其他情况形成的认可文件；

(iv) 根据7(2)(a)(iii)的要求，建筑总监对专业工程师提出的检查、检验和测试要求形成的认可文件；

(v) 根据13(2)(a)(iii)的要求，建筑总监对专业工程师提出的电梯定期维护保养要求形成的认可文件。

(2) 电梯业主无任何理由地违反(1)的规定，属于违法行为，会面临不超过5 000新加坡元的罚款。

17 改造或更换作业时电梯业主和专业工程师的职责

(1) 电梯改造或更换作业实施前电梯业主须书面告知建筑总监。

(2) 电梯改造或更换作业包括但不限于以下内容：

(a) 改变或拆除电梯安全装置，或者增加电梯安全装置；

(b) 改变电梯重量，包括电梯轿厢装饰；

(c) 改变额定载重量或电梯速度；

(d) 改变电梯行程；

(e) 改变电梯控制运行方式(包括改变软件、驱动主机或制动器的型号)；

(f) 改变轿厢或对重悬挂绳的数量、型号或尺寸；

(g) 改变电梯导轨的尺寸；

(h) 改变安全钳的型号；

(i) 改变电梯层门、轿门及轿门驱动和控制系统。

(2A) 为避免产生误导，更换同样设计和规格的电梯部件不属于改造或更换工作。

(3) 满足以下条件才能实施改造或更换作业：

(a) 由电梯承建商实施上述作业；

(b) 由专业工程师对上述作业进行监督检查。

(4) 改造或更换作业完成后，专业工程师须对电梯进行检查、检验和测试，确保改造或更换后的电梯部件在设计和安装方面满足以下要求：

(a) 对于家用电梯、垂直平台升降机或斜行电梯：

(i) 电梯部件制造单位的建议；

(ii) 如果电梯部件制造单位的建议不适用，那么采用本规则附件的要求。

(b) 对于其他电梯，符合本规则附件的要求。

(4A) 如果改造或更换的电梯部件在设计和安装方面不符合(4)的要求,那么电梯业主可以向建筑总监提出申请,根据(4B)的规定,建筑总监可认定其符合(4)的要求。申请方式由建筑总监确定。

(4B) 就(4A)而言,如果以下条件都满足,那么就认为其满足(4)的要求:

(a) 专业工程师已经对改造过或更换过的电梯部件进行检查、检验和测试,并确认其设计和安装符合:

(i) 其他标准,该标准经过专业工程师评估并认定其满足与本规则附件中的标准对等的要求;

(ii) 修改过的意见,该意见经过专业工程师评估并认定其与本规则附件中的标准对等,建筑总监认可这些标准和修改意见。

(b) 建筑总监提出的其他条件。

(5) 为了达到(3)和(4)的要求,如果专业工程师是电梯业主或实施改造和更换作业的电梯承建商的合作方、协作方、领导、官员或者雇员,应禁止其实施以下行为:

(a) 对改造或者更换作业进行监督检查;

(b) 本规则要求的检查、检验和测试。

(6) 任何人违反(1)、(3)、(4)或(5)的规定,属于违法行为,会面临不超过 5 000 新加坡元的罚款。

第四部分　　自动扶梯维护保养

18　自动扶梯的使用

(1) 除非颁发了自动扶梯使用许可证,且自动扶梯使用许可证没有被吊销,否则应禁止自动扶梯业主实施以下行为:

(a) 使用自动扶梯;

(b) 自动扶梯改造或更换后使用自动扶梯。

(2) 自动扶梯业主违反(1)的规定是违法行为,会面临不超过 5 000 新加坡元的罚款。

19　自动扶梯的检查、检验和测试

(1) 在申请自动扶梯使用许可证之前,自动扶梯业主须雇佣自动扶梯承建商对自动扶梯进行检查、检验和测试。

(a) 符合(1A)的相关规定;

(b) 专业工程师在场。

(1A) (1)(a)的要求是:

(a) 自动扶梯设计标准关于检查、检验和测试的要求;

(b) 在(a)不适用的情况下,如果其他标准或修改意见已经经过建筑总监认可,那么采

纳自动扶梯其他标准或修改意见中关于检查、检验和测试的要求。

(1B) 为了避免产生误导,同一自动扶梯的部件可能适用于不同要求。

(2) 根据(1)的规定,受雇于自动扶梯业主从事自动扶梯检查、检验和测试的自动扶梯承建商存在以下行为,属于违法行为,会面临不超过5 000新加坡元的罚款。

(a) 未能实施自动扶梯检查、检验和测试。

(b) 未按(1)(a)或(b)的规定对自动扶梯进行检查、检验和测试。

(3) 根据(1)的规定,禁止自动扶梯业主雇佣非自动扶梯承建商对自动扶梯实施检查、检验和测试。

(4) 只有自动扶梯承建商才能对自动扶梯实施检查、检验和测试。

(5) 任何人违反(3)或(4)的规定,属于违法行为,会面临不超过5 000新加坡元的罚款。

20 自动扶梯使用许可证的申请

(1) 自动扶梯使用许可证的申请必须满足以下要求:

(a) 根据第19条的规定,从自动扶梯检查、检验和测试起三个月内申请;如果自动扶梯不是在一天内完成检查、检验和测试,日期从自动扶梯检查、检验和测试开始当天计算。

(b) 需递交以下材料:

(i) 根据19(1)(b)的要求,专业工程师签发自动扶梯使用许可证,该许可证的格式由建筑总监来确定;

(ii) 特殊情况下按照建筑总监的要求提供文档资料、特定材料和信息。

(2) 专业工程师根据(1)(b)(i)的规定在许可证里声明以下内容:

(a) 根据19(1)的规定,在专业工程师在场的情况下,自动扶梯承建商对自动扶梯进行检查、检验和测试。

(b) 专业工程师认定自动扶梯运行状态良好。

(c) 根据19(1)的规定,专业工程师并非自动扶梯业主或实施自动扶梯检查、检验和测试的自动扶梯承建商的合作方、协作方、领导、官员或者雇员。

(3) 申请必须满足以下条件:

(a) 根据建筑总监要求的格式由自动扶梯业主向建筑总监申请使用许可证。

(b) 涉及一个建筑物内或者连接至一个建筑物的单台或多台自动扶梯,这些自动扶梯属于同一个业主;涉及多个建筑物的单台或多台自动扶梯,这些自动扶梯属于同一个业主。

(c) 根据第21条的规定缴纳申请费。

(4) 如果建筑总监收到申请书,他可以亲自或者委托他人检查或询问其认为有必要审核的申请事宜。

(5) 若(2)所述的专业工程师声明的内容有错或容易引起误解,属于违法行为;专业工程师明知其声明内容有错或容易引起误解,会面临不超过5 000新加坡元的罚款。

21　申请费

20(3)(c)提及的申请费是：

(a) 申请的自动扶梯数量是 10 台或者 10 台以下，每台自动扶梯的申请费是 20 新加坡元；

(b) 申请的自动扶梯数量超过 10 台，申请费是在 200 新加坡元的基础上，每台另征收 10 新加坡元。

22　自动扶梯使用许可证

(1) 根据 20(1)(b)(i)关于自动扶梯使用许可证的规定，建筑总监可以无须审核申请自动扶梯使用许可证时递交的相关资料，就可以授权业主使用自动扶梯。

(2) 尽管有(1)的规定，但颁发自动扶梯使用许可证之前或者之后，建筑总监可以在任何时候随机审核申请自动扶梯许可证时递交的相关资料。

(3) 自动扶梯使用许可证满足以下条件：

(a) 由建筑总监确定格式；

(b) 可包括适用条件（由建筑总监确定）；

(c) 有效期是 12 个月。

(4) 2018 年 3 月 1 日及以后，在自动扶梯使用许可证有效期内，自动扶梯业主须在自动扶梯上或其附近的显著位置张贴有效的自动扶梯使用许可证。

(5) 自动扶梯业主违反(4)的规定，属于违法行为，会面临不超过 5 000 新加坡元的罚款。

23　自动扶梯的暂停或停止使用

(1) 建筑总监认为存在以下情况时会书面告知自动扶梯业主，要求其暂停或停止使用自动扶梯：

(a) 自动扶梯处于危险状态或有可能对人员造成伤害；

(b) 出于对公众安全的考虑；

(c) 自动扶梯业主违反或者正在违反自动扶梯使用许可证的要求；

(d) 在申请自动扶梯使用许可证期间，提供的信息或文档有重要内容存在虚假或容易产生误导的情况。

(2) 自动扶梯业主收到(1)中所述暂停使用自动扶梯的告知后应立即暂停使用自动扶梯，只有建筑总监通过书面形式告知业主取消暂停使用自动扶梯的指令后，自动扶梯才能再次投入使用。

(3) 自动扶梯业主收到(1)中所述停止使用自动扶梯的告知后应立即停止使用自动扶梯。

(4) 如果自动扶梯业主因自身原因打算永久停止使用自动扶梯，那么在停止使用前须告知建筑总监。

(5) 存在以下情况时自动扶梯使用许可证失效：

(a) 如(1)所述，建筑总监书面告知业主，要求其停止使用自动扶梯；

(b) 对自动扶梯开始实施改造或更换作业；

(c) 如(4)所述，自动扶梯业主告知建筑总监永久停止使用自动扶梯；

(d) 装有或附属连接有自动扶梯的建筑物或部分建筑物的临时入伙证作废。

(6) 自动扶梯业主违反(2)或(3)的规定，属于违法行为，会面临不超过5 000新加坡元的罚款。

24 处于良好运行状态的自动扶梯

(1) 自动扶梯业主应确保：

(a) 自动扶梯一直处于良好的运行状态；

(b) 按照要求对自动扶梯定期维护保养，并检查、检验和测试。

(2) 存在以下情况时，自动扶梯业主须立即停止使用自动扶梯：

(a) 存在安全隐患或者可能存在安全隐患；

(b) 致使自动扶梯乘客受伤或者可能致使自动扶梯乘客受伤。

(3) 自动扶梯业主违反(1)或(2)的规定，属于违法行为，会面临不超过5 000新加坡元的罚款。

25 自动扶梯的定期维护保养

(1) 在用自动扶梯的业主须雇佣一家自动扶梯承建商(每台自动扶梯仅有一家自动扶梯承建商)对自动扶梯进行维护保养。

(2) 自动扶梯业主雇佣的自动扶梯承建商须按照以下要求对自动扶梯进行维护保养。

(a) 本规则附件的维护保养要求，或者建筑总监根据(2A)的要求认可的其他维护保养要求。

(b) 自动扶梯制造单位建议的自动扶梯定期维护保养的要求。

(c) 定期维护保养须满足以下要求：

(i) 自动扶梯的设计标准；

(ii) 若(i)不适用，采用建筑总监根据29(4B)(a)的要求认可的其他标准或者修改意见。

(2A) 如果无法按照本规则附件的要求完成对自动扶梯的维护保养工作，那么自动扶梯承建商可以向建筑总监提出申请，申请按照其他维护保养的要求进行维护保养，但需建筑总监认可承建商提出的其他维护保养要求。申请方式由建筑总监确定。

(2B) 以下情况下，建筑总监可以采纳自动扶梯承建商提出的其他维护保养要求。

(a) 承建商提出的其他维护保养要求不满足本规则附件的维护保养要求；

(b) 其他维护保养要求不影响电梯的安全运行。

(2C) 为避免产生误导,同一台电梯的部件可能适用于不同的要求。

(3) 自动扶梯承建商每个月须对自动扶梯维护保养一次。

(4) 只有自动扶梯承建商才能对自动扶梯实施维护保养。

(5) 任何人违反(1)、(2)、(3)或(4)的规定,属于违法行为,会面临不超过5 000新加坡元的罚款。

26　自动扶梯事故或故障的调查

(1) 本规则中自动扶梯事故若为以下情形,须进行调查:

(a) 人员死亡或受伤,人员死亡或受伤源自自动扶梯或者自动扶梯的相关设备或机器;

(b) 因某个原因导致自动扶梯主驱动系统失效,自动扶梯主电源失效除外;

(c) 自动扶梯制动器、超载保护装置、安全部件或安全设备失效。

(2) 如果因自动扶梯部件导致自动扶梯事故,自动扶梯业主和自动扶梯承建商了解事故情形后,以下人员须尽快向建筑总监汇报事故情形:

(a) 自动扶梯业主;

(b) 当前实施自动扶梯维护保养、维修或其他作业的自动扶梯承建商。

(3) 应建筑总监的要求,(2)(b)所述的自动扶梯承建商在建筑总监规定的时间内须完成以下任务:

(a) 雇佣一名专业工程师调查事故,并起草事故调查报告;

(b) 向建筑总监递交事故报告。

(4) 建筑总监可以书面要求(2)(a)所述的自动扶梯业主递交事故调查报告,该报告由另外一名检验员起草。

(5) 出于(3)(a)和(4)的考虑,如果专业工程师是自动扶梯业主或者自动扶梯承建商的合作方、协作方、领导、官员或者雇员,那么应禁止其调查自动扶梯事故,禁止其起草自动扶梯事故报告。

(6) 任何人违反(3)或(4)关于建筑总监的规定,属于违法行为,会面临不超过5 000新加坡元的罚款。

(7) 任何人违反(2)或(5)的规定,属于违法行为,会面临不超过5 000新加坡元的罚款。

26A　事故发生后对现场的保护

(1) 本规则第26条关于事故方面的要求适用于:

(a) 2019年1月15日之前发生的事故,但2019年1月15日未调查完成的事故;

(b) 2019年1月15日及之后发生的事故。

(2) 未经建筑总监的同意,任何人(包括与事故有关的自动扶梯业主)不得实施以下行为:

(a) 改造、更换、拆除或加装可能导致事故发生的机器、设备或物品;

(b) 改变事故现场。

(3) 与事故有关的自动扶梯业主必须采取有效且合理的措施防止他人实施以下行为:

(a) 改造、更换、拆除或加装可能导致事故发生的机器、设备或物品;

(b) 改变事故现场。

(4) (1)或(2)所述的行为不会干扰救援工作,也不会影响保障人民生命财产安全的工作。

(5) 任何人违反(2)和(3)的规定,属于违法行为,将会面临不超过 20 000 新加坡元的罚款或者不超过 12 个月的判刑,或者两者并罚。

27 自动扶梯承建商的职责

(1) 在雇佣期内实施自动扶梯维护保养的自动扶梯承建商须满足以下要求:

(a) 应建筑总监要求,递交关于自动扶梯故障的调查报告;

(b) 自动扶梯承建商在维护保养期间发现自动扶梯运行不安全须告知建筑总监;

(c) 正在或即将维护保养自动扶梯时,自动扶梯暂停运行,此时在自动扶梯附近合适的位置放置障碍物和屏障,上面写有警示标识。

(2) 如果与自动扶梯承建商签订的维护保养合同中止,那么自动扶梯承建商必须满足以下要求:

(a) 合同中止后 7 日内告知建筑总监。

(b) 合同中止后 14 日内把以下记录移交给自动扶梯业主:

(i) 合同期内的所有维护保养记录(包括专业工程师签发的自动扶梯使用许可证及其他文档);

(ii) 建筑总监按照 25(2A)的要求对自动扶梯承建商提出的关于自动扶梯维护保养的认可文件;

(iii) 按照 28(1)(c)的要求移交给自动扶梯承建商的其他文档。

(3) 自动扶梯承建商无任何理由地违反(1)或(2)的规定,属于违法行为,会面临不超过 5 000 新加坡元的罚款。

28 自动扶梯业主的职责

(1) 自动扶梯业主必须履行以下职责:

(a) 发布或者形成自动扶梯维护保养记录后,保存所有自动扶梯维护保养记录(包括专业工程师签发的自动扶梯使用许可证及其他文档)至少 5 年。

(b) 这 5 年内在需要时向建筑总监或其授权人员递交上述(a)所述的维护保养记录以供其审查。

(c) 与自动扶梯承建商签订维护保养合同后 14 日内将下列记录移交给自动扶梯承建商:

(i) 与自动扶梯承建商签订自动扶梯维护保养合同之前,所有过去 5 年内发布或者形

成的自动扶梯维护保养记录(包括专业工程师签发的自动扶梯使用许可证及其他文档)的复印件;

(ii) 建筑总监按照25(2A)的要求,对自动扶梯承建商提出的所有关于维护保养的认可文件;

(iii) 根据29(4B)(a)的要求,建筑总监对形成的其他标准或者修改意见的认可文件,以及根据29(4B)(b)的要求,建筑总监对其他情况形成的认可文件。

(2) 自动扶梯业主无任何理由地违反(1)的规定,属于违法行为,会面临不超过5 000新加坡元的罚款。

29　改造或更换作业时自动扶梯业主和专业工程师的职责

(1) 自动扶梯改造或更换作业实施前自动扶梯业主须书面告知建筑总监。

(2) 自动扶梯改造或更换作业包括但不限于改变速度、驱动、控制、安全装置、制动系统或梯级带。

(2A) 为避免产生误导,更换同样设计和规格的自动扶梯部件不属于改造或更换工作。

(3) 满足以下条件才能实施改造或更换作业:

(a) 由自动扶梯承建商实施上述作业;

(b) 由专业工程师对上述作业进行监督检查。

(4) 改造或更换作业完成后,专业工程师须对自动扶梯进行检查、检验和测试,确保改造或更换后的自动扶梯部件在设计和安装方面满足本规则附件的要求。

(4A) 如果改造或更换的自动扶梯部件在设计和安装方面不符合(4)的要求,那么自动扶梯业主可以向建筑总监提出申请,根据(4B)的要求,建筑总监可认定其符合(4)的要求。申请方式由建筑总监确定。

(4B) 就(4A)而言,如果以下条件都满足,那么就认为其满足(4)的要求:

(a) 专业工程师已经对改造过或更换过的自动扶梯部件进行检查、检验和测试,并确认其设计和安装符合:

(i) 其他标准,该标准经过专业工程师评估并认定其满足与本规则附件中的标准对等的要求;

(ii) 修改过的意见,该意见经过专业工程师评估并认定其与本规则附件中的标准对等,建筑总监认可这些标准和修改意见。

(b) 建筑总监提出的其他条件。

(5) 为了达到(3)和(4)的要求,如果专业工程师是自动扶梯业主或实施改造和更换作业的自动扶梯承建商的合作方、协作方、领导、官员或者雇员,应禁止其实施以下行为:

(a) 对改造或者更换作业进行监督检查;

(b) 本规则要求的检查、检验和测试。

(6) 任何人违反(1)、(3)、(4)或(5)的规定,属于违法行为,会面临不超过5 000新加坡元的罚款。

第五部分 其他要求

30 妨碍公务

建筑总监根据本规则的规定执行公务时,或建筑总监下属根据本规则的规定被授权执行公务时,任何人阻碍、妨碍或阻止建筑总监或建筑总监下属执行公务的行为是违法行为,将面临不超过5 000新加坡元的罚款。

31 废除

新加坡《建筑维护与各阶层管理(电梯和建筑维护)规则2005》(本规则称为"作废规则")作废。

32 保留和过渡条款

(1) 尽管有第31条的规定,但除了作废规则第4、8、9、12和13条之外的其他条款仍适用于电梯保养和测试合格证已在建设局注册备案的电梯,注册依据的是作废规则第5条。这些作废规则有效期截止到电梯保养和测试合格证到期,或者(2)所述的时间。

(2) 2016年7月25日前有效且根据作废规则要求的注册保养和测试合格的电梯,在以下情形发生前继续有效。

(a) 如果本规则未制定,该证作废;

(b) 建筑总监根据作废规则11(1)的规定要求停止使用电梯;

(c) 作废规则第14条规定的正在实施电梯改造或更换作业。

(3) 本规则第18、19、20、21、22、23(1)(c)和(4)以及24(1)(b)(ii)不适用。

(a) 取得法定完工证的建筑物或部分建筑物内的自动扶梯,该证于1989年5月1日前颁发,截止日期为2017年1月31日;

(b) 取得法定完工证的建筑物或部分建筑物内的自动扶梯,该证于1989年5月1日与2000年12月31日之间颁发,截止日期为2017年4月30日;

(c) 取得法定完工证的建筑物或部分建筑物内的自动扶梯,该证于2001年1月1日与2010年12月31日之间颁发,截止日期为2017年10月31日;

(d) 取得法定完工证的建筑物或部分建筑物内的自动扶梯,该证于2011年1月1日及以后颁发,截止日期为2018年1月31日;

(e) 位于任何结构内或者用于连接任何结构的自动扶梯,截止日期为2018年1月31日。

(4) 如果建筑物或部分建筑物未取得法定完工证,(3)引用的法定完工证或法定的部分完工证是引用的临时入伙证或部分临时入伙证。

附件

第一部分 电梯维护保养的要求

维护保养的部位	要求
1. 开门控制	(a) 如果电梯层门和轿门打开,且按下层门和轿门的开门按钮,这些门须保持打开状态。 (b) 如果电梯层门和轿门未关闭到位,且按下层门和轿门的开门按钮,未关闭到位的层门或轿门须再次打开。
2. 门保护装置	门保护装置动作时轿门和层门运行应正常且门再次打开。
3. 层门和轿门	(a) 轿门关闭且层门关闭并锁紧时电梯才能运行,且 (i) 轿门间隙不超过 12 mm; (ii) 对于轿门地坎处存在障碍物,如果电梯入口高度不超过 2.1 m(如果电梯入口高度超过 2.1 m,高度每间隔 0.5 m,轿门间隙可能会增加 3 mm),轿门上滚轮应设置成保持轿门间隙不超过 25 mm; (iii) 层门间隙不超过 10 mm; (iv) 轿门门扇之间的间距不超过 10 mm; (v) 轿门门扇与立柱、门楣或地坎之间的间距不超过 10 mm。 (b) 如果电梯运行时检测到层门打开或未上锁,电梯应立即停止运行。 (c) 如果电梯运行时检测到轿门打开,电梯应立即停止运行。 (d) 轿门和层门(包括轿门和层门部件,如门滑块、滚轮、挂板、连杆)不能出现磨损和断裂。
4. 轿厢紧急报警装置	当按下轿厢紧急报警装置的按钮时,报警声音可以从以下位置听见: (a) 井道外; (b) SS 550:2009 规定的楼层。
5. 轿厢对讲装置	当按下轿厢对讲装置的按钮时,该装置须达到预期的功能。
6. 轿厢照明和排风装置的应急电源	如果轿厢正常的供电电源中断,轿厢照明和排风装置的应急电源须起作用。
7. 轿厢运行	电梯运行时不应有异响或异常振动。
8. 保洁	机器、机器空间、底坑、井道和轿顶应保持干净、整洁,并且无杂物和垃圾。
9. 电梯主机和驱动(包括电动机、齿轮箱、驱动轮和电动发电机装置)	(a) 电梯主机和驱动装置不能漏油。 (b) 运动部件、连接处和齿轮箱润滑良好。 (c) 电梯主机和驱动装置安装到位。
10. 制动器	(a) 制动器不应有油或油脂,也不应存在被油或油脂污染的风险。 (b) 制动器动作时应使得轿厢减速、停止并保持停止状态。 (c) 如电梯装有附加制动器,以防止轿厢意外移动,该制动器动作时应使得轿厢停止运行并保持停止状态。

续表

维护保养的部位	要　　求
11. 直流主机	（a）碳刷长度应在制造单位建议的范围内。 （b）碳刷架的绝缘部分不能产生碳颗粒累积，否则会产生电弧，甚至会导致燃烧。 （c）转换器应没有无关的沉积物，运行时不会产生火花。
12. 限速器	（a）电梯运行时限速器须按预定方式起作用，且能有效触发安全钳动作。 （b）根据制造单位的建议，限速器绳不应产生过度磨损或断裂，如果制造单位的建议不适用，须满足 ISO 4344:2004 的规定。
13. 悬挂绳和补偿绳	（a）悬挂绳张力均匀且适当。 （b）根据制造单位的建议，悬挂绳和补偿绳不应产生过度磨损或断裂，如果制造单位的建议不适用，须满足 ISO 4344:2004 的规定。
14. 补偿绳及补偿绳轮的匹配和张紧	根据制造单位的建议，电梯运行时补偿绳及补偿绳轮的张力须适当，且导向良好。
15. 缓冲器	（a）根据制造单位的建议，按照油位指示器的显示，缓冲器中有足够的油。 （b）缓冲器应具有足够的减震力，以保护电梯运行时轿厢中的乘客。
16. 控制柜和电气系统	（a）控制柜、电子和电气系统以及电路板（包括含触点或电子元件的印刷电路板）可靠接地。 （b）乘客和维护保养人员处于危险状态下，控制柜须立即触发轿厢使其停止运行，同时防止其继续运行。 （c）电梯运行时安全钳开关须按预期保持功能完好。 （d）控制柜、电子和电气系统、布线以及电路板（包括含触点的印刷电路板或电子元件）无缺陷（如过热、脱层、燃烧、变形和腐蚀）。 （e）控制柜布线、电子和电气系统无缺陷（如错误或不合理的接线、绝缘不彻底以及导线裸露）。 （f）电梯运行时，控制柜、电子和电气系统、布线以及电路板（包括含触点的印刷电路板或电子元件）保持功能完好。
17. 轿厢和对重导靴、滚轮	电梯运行时轿厢和对重导靴、滚轮限定轿厢和对重的运行轨迹。
18. 安全钳	（a）须对安全钳进行维护保养，电梯运行时应保证其有效动作。 （b）要求安全钳动作时应使得轿厢和对重停止运行，并保持住轿厢和对重，其允许的制动距离应符合电梯设计标准的规定。
19. 电梯部件	电梯部件腐蚀、磨损或断裂应不影响电梯的安全运行。
20. 停止和平层精度	电梯轿门的平层精度须为 ±10 mm。

第二部分 自动扶梯维护保养的要求

维护保养的部位	要　　求
1. 信号和显示	(a) 安全信号和方向显示须清晰可见。 (b) 自动扶梯梯级边缘须清晰地标有黄线。 (c) 自动扶梯梳齿附近应有足够的照明。
2. 防爬、防滑、入口限制和防夹装置	防爬、防滑、入口限制和防夹装置各就其位,且能按照预期要求发挥作用。
3. 紧急停止开关	紧急停止开关动作须触发自动扶梯紧急停止。
4. 扶手系统	(a) 扶手运行方向应与梯级相同,扶手运行速度应与梯级速度差值在±2%的范围内。 (b) 如果外来物体进入扶手带入口,那么扶手带入口安全开关应动作,并使自动扶梯停止运行。
5. 保洁	驱动站、转向站和桁架区域内所有机器和机器空间应保持干净、整洁,并且无杂物和垃圾。
6. 驱动主机、制动器、链轮和附加制动器	(a) 主机不应漏油。 (b) 运动部件、连接处和齿轮箱润滑良好。 (c) 制动器动作时应使自动扶梯停止运行,制停距离在自动扶梯设计标准规定的范围内。 (d) 所有机器安装到位。
7. 安全开关和传感器(如围裙板开关、梳齿开关、梯级下陷开关、梯级上移开关、梯级缺失监测装置、地板或入口盖板监测开关、驱动链张紧和梯级链张紧开关)	安全开关动作应使得自动扶梯停止运行。
8. 超速、防逆转保护	自动扶梯梯级速度超过额定速度的20%时,应触发自动扶梯停止运行。
9. 运行间隙	自动扶梯梯级与围裙板之间的间隙、自动扶梯梯级与梳齿之间的间隙及其他间隙应符合自动扶梯设计标准的要求。
10. 自动扶梯部件	自动扶梯的部件腐蚀、磨损或断裂应不影响自动扶梯的安全运行。

续表

维护保养的部位	要　求
11. 控制柜和电气系统	(a) 控制柜、电子和电气系统以及电路板(包括含触点或电子元件的印刷电路板)可靠接地。 (b) 乘客和维护保养人员处于危险状态下,控制柜须立即触发自动扶梯使其停止运行,同时防止其继续运行。 (c) 控制柜、电子和电气系统、布线以及电路板(包括含触点的印刷电路板或电子元件)无缺陷(如过热、脱层、燃烧、变形和腐蚀)。 (d) 控制柜布线、电子和电气系统无缺陷(如错误或不合理的接线、绝缘不彻底以及导线裸露)。 (e) 自动扶梯运行时,控制柜、电子和电气系统、布线以及电路板(包括含触点的印刷电路板或电子元件)保持功能完好。

2019 年 1 月制定
OW FOONG PHENG
常务秘书
国家发展部
新加坡

附3 《工作场所安全与卫生（事故报告）条例》指南

目 录

本指南包括哪些内容？

什么是《工作场所安全与卫生（事故报告）条例》？

为何要报告发生在工作场所的意外事件、事故和职业病？

请说明什么是工作场所意外事件、危险事故和职业病。

本条例适用于哪些情况？

何时向谁报告哪些内容？

如何通知或报告？

如何保存记录？

如已根据《工作场所安全与卫生（事故报告）条例》通过网络报告了相关事故，是否还需要根据《工伤赔偿法》呈交一份报告？

违反本条例将受到哪些处罚？

在哪里可获取更多资讯？

附件 A：根据《工作场所安全与卫生（事故报告）条例》应当报告的危险事故

附件 B：根据《工作场所安全与卫生（事故报告）条例》应当报告的职业病

附件 C：根据《工作场所安全与卫生（事故报告）条例》应当报告的意外事件或事故示例

本指南包括哪些内容？

本指南为《工作场所安全与卫生（事故报告）条例》提供概要说明，以协助您有效遵守该条例。

什么是《工作场所安全与卫生（事故报告）条例》？

《工作场所安全与卫生（事故报告）条例》明确规定了相关人员报告工作场所意外事件、危险事故和职业病的责任。

作为一名雇主或医生，他们有责任报告工作场所的意外事件、危险事故和职业病，并保存事故记录。

因原《工厂法》已规定报告事故的程序，所以本条例对工厂企业并不陌生。但对于非工厂企业，这是一个新条例。

为何要报告发生在工作场所的意外事件、事故和职业病？

有以下三个原因：
- 这是一份法律规定，违规者将依法受到处罚。
- 本条例也鼓励每位工作场所雇主和业主采取预防措施防止工作场所意外事件、危险事故和职业病的发生。
- 人力资源部职业安全与卫生司可通过此报告确认危险发生地区，协调各方力量，减少工伤意外和职业病的发生。

请说明什么是工作场所意外事件、危险事故和职业病。

工作场所意外事件就是指员工在工作时发生的意外事件。

以下意外事件不属于工作场所发生的意外事件：
- 员工在上下班途中发生的意外事件。
- 在公路上发生的交通意外事件。
- 家庭雇佣员工在做家务时发生的意外事件。

危险事故是指工作场所发生的严重事故，但在事故中没有造成人员伤亡。

附件 A 列出了本条例规定应当报告的危险事故清单。

附件 B 列出了本条例规定应当报告的职业病清单。

本条例适用于哪些情况？

本条例适用于新加坡任何工作场所发生的意外事件、危险事故和职业病。

本条例不适用于以下人员：
- 来自新加坡武装部队、新加坡警察部队、新加坡监狱机构、新加坡中央肃毒局、新加坡内政安全局、新加坡移民与关卡局和新加坡民防部队的人员。
- 飞机、轮船等交通工具上的服务或机组、船组人员。

何时向谁报告哪些内容？

请向工作场所安全与卫生总监提交所有报告。

报告责任人及对应的职责如附表 1 所示：

附表 1 报告责任人及对应的职责

报告内容	报告责任人	需要采取的行动
造成雇员死亡的工作场所意外事件	• 死者的雇主	• 在合理可行的时间内尽快通报 • 意外事件发生后 10 天内递交报告
造成雇员受伤并超过连续 3 天病假或入院至少 24 小时的工作场所事故	• 伤者的雇主	• 意外事件发生后 10 天内递交报告

续表

报告内容	报告责任人	需要采取的行动
涉及自雇人士或公众,并造成其死亡或入院治疗的工作场所意外事件	• 工作场所业主	• 在合理可行的时间内尽快通报 • 意外事件发生后 10 天内递交报告
发生危险事故	• 工作场所业主	• 在合理可行的时间内尽快通报 • 意外发生后 10 天内递交报告
职业病	• 患病者的雇主 • 患病者的主治医生	• 雇主收到书面诊断后 10 天内递交报告 • 医生做出诊断后 10 天内递交报告
在工作场所受伤后间接造成死亡	• 雇主	• 在合理可行的时间内尽快通报

附件 C 列出了本条例规定应当报告的工作场所意外事件或事故示例。

如何通知或报告?

您必须在合理可行的时间内尽快通报意外事件或事故,通过电话或传真,尽快向工作场所安全与卫生总监报告。

报告必须包括以下内容:
- 意外事件或事故发生的日期与时间;
- 意外事件或事故发生的地点;
- 死者或伤者的姓名、身份证号码(若有);
- 雇主和业主的姓名;
- 意外事件或事故的简要描述;
- 伤者性质和严重程度;
- 报告人的姓名和联系资料。

请进入以下网址,通过 iReport 互联网系统,在事故发生后 10 天内向安全与卫生总监提交报告。

http://www.mom.gov.sg/iReport

请浏览以上网址,参考 iReport 用户指南系统的使用程序。

在使用 iReport 系统递交报告时,必须提供以下信息:
- 事故详情,包括所发生的事故、事故发生的地点和发生过程;
- 伤者或死者详情(若有);
- 雇主详情,包括雇主姓名、机构识别号(如工厂号码或 ACRA 号),以及联系方式;
- 事故发生场所的业主详情,包括业主姓名、机构识别号(如工厂号码或 ACRA 号)。

如何保存记录？

雇主或业主需保存一份报告记录。每份记录都应保存在工作场所,保存期从报告时间起,为期至少3年。

如已根据《工作场所安全与卫生(事故报告)条例》通过网络报告了相关事故,是否还需要根据《工伤赔偿法》呈交一份报告？

自2006年3月1日起,《工作场所安全与卫生(事故报告)条例》和《工伤赔偿法》所规定的事故报告都应通过iReport系统递交。在递交报告时,iReport系统会提醒报告人注明是依据《工作场所安全与卫生(事故报告)条例》报告的,还是依据《工伤赔偿法》报告的,或者两者都要。若同时依据上述两个法律报告同一事故,只需通过iReport系统呈交一份报告。

违反本条例将受到哪些处罚？

作为雇主或业主,若未遵守本条例要求通知或递交报告,将可能受到以下处罚：
- 初次违规,处以最高5 000新加坡元的罚款；
- 第二次或屡次违规将处以最高10 000新加坡元的罚款或不超过6个月的监禁,或两者并罚。

此外,如向总监提供虚假的发生在工作场所的意外事件、危险事故或职业病报告,将依法受到最高5 000新加坡元的罚款或不超过6个月的监禁,或两者并罚。

在哪里可获取更多资讯？

可通过以下方式获取更多信息：
网址：http://www.mom.gov.sg/oshd
电子邮件：Mom_oshd@mom.gov.sg
电话：+65 64385122
通信地址：Occupational Safety and Health Division
　　　　　　Ministry of Manpower 18
　　　　　　Havelock Road # 03-02
　　　　　　Singapore 059764

附件A：根据《工作场所安全与卫生(事故报告)条例》应当报告的危险事故

1. 爆炸或火灾

(a) 员工在工作场所工作时发生爆炸或火灾,造成现场建筑结构或机械设备损毁。由灰尘、气体、蒸汽、含明胶或由明胶制成的物质着火引起的爆炸或火灾,并且因事故而造成工作无法运转或机械设备故障持续至少5小时。

(b) 由电动机械设备或仪器发生短路或故障而引起爆炸、火灾或结构损毁,并且因事故造成机械设备故障持续至少 5 小时。

(c) 员工正在工作现场,但因受爆炸或火灾的影响,造成无法正常工作,持续至少 24 小时。

2. 机构或设备的坍塌

(a) 建筑物模板或支架发生故障或坍塌。

(b) 超过 15 m 高的脚手支架发生整体或部分坍塌,或可造成员工跌落超过 2 m 的悬挂型脚手架整体或部分坍塌。

(c) 提升设备发生坍塌或故障。

提升设备是指各类起重机、绞车、打桩架及所有用于提升或放下人或物品的设备。这些提升设备发生坍塌或故障都被视为危险事故,链条或吊索发生断裂除外。起重机发生倾覆也被列为危险事故。

3. 机械设备损坏

(a) 使用机械动力操作的旋转容器、轮胎、磨石或砂轮发生爆裂。

(b) 蒸汽锅炉,用于贮存高压气体(包括空气)的容器,或由气体压缩形成的液态或固态气体的容器或接收器所发生的爆炸或故障。

4. 浸水

因海水意外流入干船坞或浮船坞而造成干船坞或浮船坞浸水。

附件 B:根据《工作场所安全与卫生(事故报告)条例》应当报告的职业病

1. 苯胺中毒

2. 炭疽病

3. 砒霜中毒

4. 石棉沉滞症

5. 气压性创伤(耳鼓或咽鼓管)

6. 氮铍中毒

7. 棉屑沉滞病

8. 镉中毒

9. 氨基甲酸盐中毒

10. 二硫化碳中毒

11. 铬毒性溃疡

12. 慢性苯中毒

13. 气压病

14. 氰化物中毒

15. 皮肤上皮溃疡(由焦油、沥青矿物油、石蜡或这些物质的混合物、产品、残渣等引起)

16. 氢化硫中毒
17. 职业皮肤病
18. 铅中毒
19. 肝血管肉瘤
20. 锰中毒
21. 汞中毒
22. 间皮瘤
23. 噪音性耳聋
24. 职业哮喘病
25. 有机磷酸酯中毒
26. 磷中毒
27. 碳氢化物的卤素衍生物中毒
28. 上肢重复性压力伤害
29. 硅肺病
30. 中毒性贫血
31. 中毒性肝炎

附件C：根据《工作场所安全与卫生(事故报告)条例》应当报告的意外事件或事故示例

序号	事故描述	是否应当报告？	由谁负责报告？	他应如何做？
1	施工人员滑倒或跌倒造成腿骨断裂，被准予两周病休	是	施工人员的雇主	在10天内完成事故报告并递交给工作场所安全与卫生总监
2	工作场所的一台移动式起重机倾覆，但并没有造成人员伤亡	是	该工地业主	在合理可行的时间内尽快向工作场所安全与卫生总监通报 在10天内完成事故报告并递交给总监
3	实习生在工地受伤，被准予5天病休	是	该实习生雇主	在10天内完成事故报告并递交给总监
4	处于施工状态的建筑物顶楼落下碎片并砸伤路人	是	该建筑工地的业主	在合理可行的时间内尽快向工作场所安全与卫生总监通报 在10天内完成事故报告并递交给总监

续表

序号	事故描述	是否应当报告?	由谁负责报告?	他应如何做?
5	一位自雇人士在工作时受伤,需病休一周	是	工作场所的业主	在合理可行的时间内尽快向工作场所安全与卫生总监通报 在10天内完成事故报告并递交给总监
6	由于医院治疗不当引起病人死亡	否	不适用	不适用
7	办公楼自动扶梯故障造成一名公众滑倒或摔倒	否	不适用	不适用
8	一名巴士司机在驾驶巴士时,发生交通意外而受伤,被准予一周病休	否	不适用	不适用
9	一名厨师切肉时割伤手指,被准予两天病休	否	不适用	不适用

附4 《工作场所安全与卫生(风险管理)条例》

1. 引文
本规章称为《工作场所安全与卫生(风险管理)条例》。

2. 本条例中名词术语的定义
"危险"是指任何可能造成人身伤害的物质,包括任何物理、化学、生物、机械、电气或人体工程学危害。

"风险"是指危险可能对任何人造成特定身体伤害的可能性。

"风险评估"是指对伤害或疾病的可能性和后果进行评估的过程,这种可能性和后果来源于已识别的风险,同时还涉及对适当的风险控制措施进行确定的过程。

3. 风险评估
(1) 每位雇主、自雇人士、委托人(包括承包商和分包商)都必须对工作场所内日常或非日常工作引起的安全与卫生风险进行评估。评估工作可由他们自己完成,也可委托风险评估顾问。

(2) 总监可决定风险评估的方式。

4. 消除和控制风险
(1) 在每个工作场所,雇主、自雇人士与委托人须采取一切合理且切实可行的措施,以消除因人员在工作场所工作而产生的可预见风险。

(2) 若无法切实可行地消除上述风险,雇主、自雇人士或委托人应采取以下措施:

(a) 采取合理且切实可行的措施降低风险;

(b) 采取安全的工作程序来控制风险。

(3) 第(2)(a)条所指的措施可包括以下任何一项:

(a) 替换法,如以危险性较轻的物质或过程取代危险性较高的物质或过程;

(b) 工程控制法,如安装机械防护设施;

(c) 行政控制法,如实行工作许可证制度等;

(d) 提供并使用适当的个人防护装备。

(4) 雇主、自雇人士或委托人应明确任何措施或安全工作程序的参与者的角色和责任。

(5) 本条例中部分术语的解释:

"行政控制"是指采取行政管理方面的措施,其中包括工作许可证制度。

"工程控制"指为控制任何工作场所危害而采取的科学技术方面的措施,包括在任何工作过程、设备使用或工作环境中采取物理手段或措施,如安装障碍物、围栏、防护装置、连锁装置或通风系统。

"安全工作程序"是指安全工作的任何程序,包括在紧急情况下为保护人身安全和健康而采取的任何程序。

"替换"是指用危险性较小的替代品替代任何危险材料、工艺、操作、设备或装置。

5. 风险评估记录等

（1）每名雇主、自雇人士和委托人应满足以下要求：

（a）保存根据第3(1)条进行的风险评估记录，保存根据第4(2)条实施的任何措施或安全工作程序的记录；

（b）根据总监的要求在需要时向其递交相应的记录。

（2）上述记录应由雇主、自雇人士或委托人保存，保存期限不少于3年。

6. 信息提供

（1）在每个工作场所，雇主、自雇人士和委托人应采取一切合理且切实可行的步骤，以确保可能面临安全与卫生风险的工作场所相关人员提供下列信息：

（a）风险的性质；

（b）根据第4(2)条实施的任何措施或安全工作程序。

（2）凡修订第3(1)条所述的风险评估，或根据第4(2)条实施的任何措施或安全工作程序变更，雇主、自雇人士与委托人须遵从上述第(1)条的规定。

7. 审查风险评估

（1）在每个工作场所，雇主、自雇人士与委托人应至少每3年审查一次，必要时，至少每3年修订一次第3(1)条所述的风险评估。

（2）尽管有第(1)条的规定，但对于以下情况，雇主、自雇人士与委托人应审查与修订第3(1)条所述的风险评估。

（a）因工作场所存在危险而对人员造成人身伤害；

（b）工作实践或程序发生重大变化。

8. 犯罪

任何雇主、自雇人士或委托人违反第3(1)、4(1)、4(2)、4(4)、5、6、7条的规定，属犯罪行为，并会受以下处罚：

（a）对于首次犯罪的情况，罚款不超过10 000新加坡元；

（b）对于多次犯罪的情况，罚款不超过20 000新加坡元或处以不超过6个月的监禁，或两者并罚。

第三节　新加坡电梯标准

一、概述

目前,新加坡电梯的安全标准主要有两个,分别是 SS 550:2009《电力驱动乘客和载货电梯安装、运行及维护保养实施规范》和 SS 626:2017《自动扶梯与自动人行道设计、安装和维护保养实施规范》。

(一) SS 550:2009《电力驱动乘客和载货电梯安装、运行及维护保养实施规范》(Code of practice for installation, operation and maintenance of electric passenger and goods lifts)

该标准由 SPRING 电气电子标准委员会委托电梯、自动扶梯和自动人行道技术委员会起草,2009 年 10 月 6 日 SPRING 电气电子标准委员会代表新加坡标准理事会批准该标准。其上一版本标准号为 SS CP 2:2000,已于 2010 年 6 月 18 日作废。该标准的发展变革简要介绍如下:

1971 年第一版 CP 2 发布实施;自 1974 年起对第一版进行了修订,1979 年第二版发布实施;2000 年第三版发布实施,即 CP 2:2000。为了与先进技术保持同步并与国际标准接轨,在 SPRING 电气电子标准委员会的指导下,电梯、自动扶梯和自动人行道技术委员会起草了全新版的标准,2009 年发布了第四版电梯标准 SS 550:2009,该版本为现行有效版本。2013 年 12 月,SS 550:2009 的一号修改单发布。2017 年 1 月,SS 550:2009 的二号修改单发布。2017 年 9 月,SS 550:2009 的三号修改单发布。

SS 550:2009 标准编写组成员共 15 人,分别来自电气电子标准委员会、新加坡建筑师协会、建设局、房屋发展局、电梯自动扶梯承建商与制造商协会和标准、生产力与创新局等 13 个单位。经授权,SS 550:2009 引用了 EN 81-1《电梯制造与安装安全规范》中第 1 部分"电力驱动电梯"、ISO/TR 11071《世界电梯安全标准比较》中第 1 部分"电力驱动电梯"、《香港电梯和自动扶梯能源效率导则》和美国 ASME A17.1-1996 等标准的相关内容。

(二) SS 626:2017《自动扶梯与自动人行道设计、安装和维护保养实施规范》(Code of practice for design, installation and maintenance of escalators and moving walks)

1980 年第一版自动扶梯与自动人行道的标准 CP15 发布实施,1990 年对第一版进行了修订。修订版本初期依据 BS 5656:1983《自动扶梯和自动人行道制造与安装安全规范》制定。随着 BS 5656:1983 的发布实施,SPRING 电气电子标准委员会委托电梯、自动扶梯和自动人行道技术委员会对该标准进行大量修订,形成了 CP 15:2004,其修改依据 EN 115-1995。新加坡最新版 SS 626:2017 依据 EN 115-1:2008 和 A1:2010 修订。2017 年 2 月 30

日,电气电子标准委员会代表新加坡标准理事会批准实施 SS 626:2017。2017 年 11 月 1 日,SS 626 的一号修改单发布。该标准编写组成员共 20 人,分别来自电气电子标准委员会、新加坡建筑师协会、建设局、房屋发展局、电梯自动扶梯承建商与制造商协会和标准、生产力与创新局等 12 个单位。

依据《建筑物维护与各阶层管理(电梯、自动扶梯和建筑管理)规则 2018》的规定,电梯承建商对电梯测试和检测主要依据的是 SS 550:2009 和 SS 626:2017。

以上介绍的两个电梯标准是法规明确要求执行的电梯标准。

(三)《消防规范 2018》

2018 年 8 月,新加坡民防部队对《消防规范 2013》进行了修订,旨在确保与消防安全相关的标准与新加坡城市规划和发展保持一致。2018 年的版本为第 8 个版本。最早的版本是 1974 年的版本。2018 年的版本对电梯所在的井道和层站提出了消防要求,以保护火灾情况下大楼内的相关人员,并把损失降到最低。

二、内容简介

(一) SS 550:2009

SS 550:2009《电力驱动乘客和载货电梯安装、运行及维护保养实施规范》适用于曳引式电梯和液压电梯。该标准由编写组成员、前言、目录、正文和附录组成。正文由以下 16 章构成。

第 1 章"总则",分别列举了适用和不适用本标准的设备,描述了制定本标准的目的和引用标准。

第 2 章"术语与定义",对在 SS 550:2009 和电梯行业中使用的,以及在其他相关出版物中使用的各类共 71 个名词或词组进行了定义。

第 3 章"井道",对井道结构和防火、井道封闭、井道照明、底坑等进行了规定。

第 4 章"机器和滑轮间",对通往机器空间的通道尺寸,机房结构、强度、相关尺寸和通风,井道内的工作区域及其通风、照明、紧急救援操作和检修等进行了规定。

第 5 章"层门",对门间隙及强度、材料及相关尺寸、门的锁紧与关闭等进行了规定。

第 6 章"轿厢",对轿厢静载荷、强度、防火、紧急出口、通风及尺寸、轿门的强度、材料及相关尺寸、护脚板、照明装置、轿厢底面积的有效值即额定载重量、警示标识、超载保护装置等进行了规定。

第 7 章"对重",对对重架的挠度、对重防护、材料等进行了规定。

第 8 章"悬挂、补偿装置和超速保护装置",对悬挂绳的尺寸、数量、材料、规格、安全系数、强度、曳引力,限速器绳规格,安全钳的功能、配置、类型、使用范围及特殊要求,轿厢上行超速保护装置的设计、作用对象及作用方式等进行了规定。

第 9 章"导轨、缓冲器和极限开关",对导轨的基本要求、材料、固定、强度、支架,缓冲器的设计要求、位置、适用范围、承载要求、行程,端站减速、停止、越程限制装置、轿顶操作装置及电气保护装置等进行了规定。

第 10 章"间距和越程",对轿底间距、轿顶间距、对重底部间距、对重顶部间距、轿厢和对重底部越程、轿厢与各个部件的间距等进行了规定。

第 11 章"电梯曳引机",对曳引机、电动机的基本要求及制动器的动作和设计要求等进行了规定。

第 12 章"电气装置和电气设备",对电梯主开关、电源插座、井道和轿厢布线、随行电缆的设计和防护,以及紧急报警装置和应急电源等进行了规定。

第 13 章"电梯的紧急操作",对紧急操作的专用电源、断电情况下的紧急操作、火灾时电梯的紧急操作,以及消防电梯的设计、电源要求及开关等进行了规定。

第 14 章"节能",规定电梯在一定条件下轿门和层门应自动关闭、轿厢内照明装置和风扇应自动关闭,以节约能源。

第 15 章"电磁兼容",对电梯设备的电磁兼容性进行了规定。

第 16 章"型式试验要求",规定层门锁紧装置、限速器、安全钳、缓冲器、含有电子元件的安全电路这五种安全部件须进行型式试验。

正文后有 8 个附录,对应当遵循的法律法规、电梯相关方的信息沟通、检验和测试、定期保养和检查、轿厢底面积的测量、节能措施等方面做了进一步的描述和规定。

为了配合新加坡《消防规范 2013》的实施,2017 年 1 月,SS 550:2009 的二号修改单增加了紧急运行、撤离和消防电梯的内容。

SS 550:2009 从多个角度出发,尽可能保护电梯作业人员和电梯乘客的安全。

从保护人员人身安全的角度,如 SS 550:2009 规定了玻璃轿壁抗震的性能,避免因安全钳动作而使得玻璃轿壁震碎,进而导致对电梯乘客的伤害;相邻电梯的底坑在水平高度上存在差异的时候,应设置一堵非承重墙或者一块金属丝网作为屏障;井道上下端站或其附近应配置减速装置;井道安全门开门后须自动关门;轿顶应配置一个采取防护措施的电气照明装置;客梯应配置应急电源等。

从材料强度和材质角度,SS 550:2009 规定井道内建筑材料应是非易燃材料,在着火的情况下不能释放出有害气体或黑烟;对通往电梯井道方向的入口、轿壁的饰面材料和层门的防火等级做出具体的规定。

从相关人员进出电梯相关区域的角度,如井道安全门尺寸、机房内主机与其他设备的上方垂直净距离、机房内机器与周边环境的距离等比我国 GB 7588 的要求更宽松。

从电梯部件性能的角度,如当撞击速度为限速器最大动作速度时,耗能型缓冲器应能吸收满载轿厢或对重的动能;满载轿厢以限速器最大动作速度撞击蓄能缓冲器时,蓄能缓冲器吸收能量后不应导致永久下沉。

从警示标识的角度,井道安全门上还须有"危险,电梯井道"标识;轿厢上梁上应标有钢丝绳所要求的数量、尺寸和张力强度;每个层站处的明显位置应张贴标"一旦发生火灾,请勿使用"的标识。

(二)《消防规范2018》

最新版《消防规范2018》于2018年8月发布实施,由新加坡民防部队领导的消防规范审查委员会起草,该委员会的成员来自新加坡建筑师协会、建设局、房屋发展局等部门。《消防规范2018》由12个部分组成,分别是总则、逃生途径、火灾情况下的预警、现场规划和外部消防规定、电源、消防系统、机械排风和烟雾控制系统、应急照明和语音通信系统、附加要求、特定装置、消防产品和材料、附录等。其中对电梯层门入口处的大厅、电梯井道、消防电梯、撤离电梯、应急电源、利用电梯进行救援等做出了详细的规定。注册建筑师、工程师及其他有资格的人员设计楼房时须遵循该规范。

新加坡政府对人民生命财产安全的保护高度重视,每年火灾中人员的伤亡率较低,这与新加坡严格的管理密不可分。新加坡《消防规范》(the Fire Code)详细规定了建筑物内发生火灾时的最低安全要求,不仅考虑到普通百姓在火灾发生时对楼房的安全要求,还考虑到行动不便的人员在火灾发生后撤离火灾现场的安全要求。

使用逃生楼梯撤离仍然是紧急情况下撤离楼内人员的首选方式,使用电梯撤离仅仅是备选方案。使用电梯撤离主要针对行动不便的人员,身体健康的楼内人员依然要通过逃生楼梯来撤离。

撤离电梯是紧急情况下用于撤离残障人士的电梯,由大楼业主授权相关的人员操作,可以加速撤离楼内的残障人士。撤离电梯应位于受保护的位置,如禁烟室、外部疏散通道或者外部走廊。撤离电梯应满足新加坡最主要的电梯标准SS 550:2009。在每个层站处的明显位置应张贴"一旦发生火灾,请勿使用"的警示标识,但是用于撤离的电梯除外。

除了Ⅰ类和Ⅱ类建筑外,新加坡其他居住用的楼房居住高度超过24 m时应配置至少两台消防电梯。对于Ⅱ类建筑,新加坡楼房的居住高度超过24 m时应配置至少一台消防电梯。对于地下室深度超过9 m的所有楼房应配置至少两台消防电梯。

除非楼内设有至少两台消防电梯,否则消防电梯不应设置为撤离电梯。撤离电梯轿底净面积应至少达到1.4 m(深)×1.2 m(宽)。对于楼层超过40层的建筑,消防电梯轿底净面积应至少达到1.7 m(深)×1.5 m(宽)。撤离电梯每个层门附近的墙面上应张贴清晰可见的"残障人士专用电梯"标识。撤离电梯应配有发生电源故障或火灾情况下能持续供电的备用电源。

一旦发生电源故障或火灾,撤离电梯和消防电梯都应返回到指定楼层或备选的指定楼层。轿厢内人员在指定楼层或备选的指定楼层撤离电梯后,电梯应停靠在相应的楼层,且门关闭。消防电梯的开关应装于撤离电梯指定楼层以及备选的指定楼层的层门附近,开关的操作由大楼业主或者消防员授权的人员来操作。撤离开关动作后,电梯应与群组控制的电梯隔离,所有层站呼梯按钮应不起作用,但指定楼层以及备选的指定楼层除外。轿厢内召唤按钮应依然起作用。撤离开关应装于可击碎的玻璃前罩盒内,盒上标有"撤离开关"标识。拨动此开关,紧急操作人员可以控制该电梯,层站呼梯按钮不起作用。

对于配有撤离电梯的大楼,需要得到救助的残障人士应前往位于候梯厅的残障人士专用的等候区,如图1-1所示。该区域应能容纳一个轮椅,坐在轮椅上的人员可以在此区域内操纵轮椅移动而不受限制,且其他人员比较容易接近此区域,但不能影响其他撤离大楼的人员及时疏散,这样能方便坐在轮椅上的人员得到及时救援。此区域的设计用白色虚线围成一个矩形图案,且面积至少为 0.9 m×1.4 m。

该等候区应位于具有防火功能的区域(如消防前室),而且该等候区可直接通往楼梯、撤离电梯或者大楼的最终出口。该区域应具有一种通信装置,通过该装置可以与位于消防控制中心或全天候值班点的值班人员通话。经过培训的相关人员应在残障人士专用的等候区陪护残障人士,并帮助他们逃离最终的出口。对于未配撤离电梯的大楼,一旦听见报警声,需要得到救助的残障人士应就近前往位于候梯厅的残障人士专用的等候区,或者在他人帮助下前往该等候区。该等候区设置在出口楼梯间。完成搜寻工作后,经过培训的相关人员应前往位于候梯厅的残障人士专用的等候区,并帮助他们经过楼梯撤离大楼。

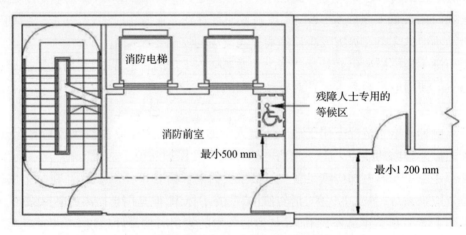

图 1-1 位于候梯厅的残障人士专用的等候区

附 消防规范 2018

新加坡政府对保护人民生命财产安全高度重视,每年火灾中人员的伤亡率较低,这与新加坡严格的管理密不可分。新加坡《消防规范》详细规定了建筑物内发生火灾时的最低安全要求,不仅考虑到普通百姓在火灾发生时对楼房的安全要求,还考虑到行动不便的人员在火灾发生后撤离火灾现场的安全要求。注册建筑师、工程师及其他有资格的人员设计楼房时须遵循该规范。最新版《消防规范》由新加坡民防部队领导的消防规范审查委员会起草,该委员会的成员来自新加坡建筑师协会、建设局、房屋发展局等部门。最新版《消防规范》于 2018 年 1 月发布实施。

1 基本要求

所有电梯设备及其运行应符合 SS 550:2009 的要求。

2 电梯井道的排风

电梯井道的排风应符合 SS 550:2009 的要求。

3 应急电源

3.1 电梯照明、排风和报警装置的应急电源应符合 SS 550:2009 的要求。
3.2 以下情况下应配有备用的发电设备。
3.2.1 紧急情况下电梯返回基站。
3.2.1.1 装有私人电梯或者居住高度超过 60 m 的附表 1 中第 Ⅱ 类建筑[附表 1 是不同 PG(Purpose Group)建筑对应不同用途的建筑类型]。

附表 1 按照用途进行分类的建筑

PG 建筑	住宅类型	住宅用途
Ⅰ	小型住宅	居民住宅,如平房、半独立住宅、独立住宅和联排住宅
Ⅱ	其他住宅	除 PG Ⅰ 之外的住宅,如公寓、聚落式住宅、单元楼等
Ⅲ	机构	用于治疗、护理或者疗养的建筑,如社区医院、麻痹患者护理中心、康复医院、收容所、智力障碍康复中心、医院、精神病院、养老院、疗养院
		用于照顾或护理年轻人或者受护理的人,如儿童中心、婴儿护理中心、矫正中心、康复中心、日常护理中心、拘留所、老人活动中心、透析中心、孤儿院

续表

PG 建筑	住宅类型	住宅用途
Ⅲ	机构	用于教育或培训的建筑,如学校、商业区、幼儿园或托儿所、培训中心
		用于员工住宿的建筑,如宿舍楼、职工宿舍
Ⅳ	办公场所	用于管理和公务处理的建筑,如银行、保险公司、出版社、证券公司、话务处理场所
Ⅴ	商场	用于交易、商务的建筑,如宠物商店、图书市场、美容美发场所、购物中心、时装店、糖果店、商场、百货商店、药店、礼物店、珠宝店、旅行社、票务中心、超市、门诊、典当行
Ⅵ	工厂	用于生产、处理、加工或测试的建筑,如炼油厂、飞机机库、化工厂、发电厂、制药厂、回收站、橡胶厂、食品厂、造船厂、钢材厂、木材加工厂、车辆修理厂
Ⅶ	公共场所	住宿用建筑,如背包旅馆、宾馆、度假村、寄宿家庭、酒店式公寓、学生旅社
		用于教育的建筑,如博物馆、礼堂、会议中心、美术馆、展览中心、图书馆
		特殊用途的建筑,如社区活动中心、私人会所
		消遣用建筑,如娱乐场所、网吧、电影院、夜总会、音乐厅、剧院、歌厅、舞厅
		宗教用途的建筑,如教堂、寺庙
		用于身体保健的建筑,如 SPA、健身房、按摩房、洗脚房
		娱乐用建筑,如游乐场所、公共游泳场所、保龄球中心、体育场
		餐饮用途的建筑,如咖啡馆、餐厅、快餐店、美食广场、酒吧、小卖部
		物流用建筑,如飞机场、码头、火车站、汽车站
Ⅷ	储存场所	存放、储存或停靠货物、材料或车辆的建筑,如仓库、停车场、冷藏室

3.2.1.2 用于住宅或用于非住宅的多用途建筑。

3.2.1.3 超过4层的 PG Ⅲ 至Ⅷ类建筑。

3.2.1.4 带有地下室的建筑。

3.2.2 紧急情况下下述电梯的运行。

3.2.2.1 消防电梯。

3.2.2.2 楼层超过4层的残障人士撤离电梯,以及建筑内要求配置残障人士撤离电梯的情况。

3.2.2.3 消防逃生病床电梯。

3.2.3 电梯的供电电源应连接到总电路的副电路中,该副电路专用于电梯,且与其他主电路或副电路独立。给电梯设备供电的电源线应穿过几乎不存在火灾风险的区域。

4 消防电梯

4.1 总则

4.1.1 消防电梯的设备应符合 SS 550:2009 的要求。

4.1.2 消防电梯应位于独立的受防护的井道,或位于公共受防护的井道,该井道不得装有其他电梯。消防电梯在每个楼层都有消防电梯前室。

4.1.3 消防电梯的井道应贯穿整个建筑,且消防电梯服务于每个楼层,不用于居住的楼顶除外。

4.1.4 主要用于载货的电梯不应当作消防电梯来使用。

4.1.5 载货电梯不应停靠在消防电梯前室。

4.2 消防电梯的数量

4.2.1 除了 PG Ⅰ类和Ⅱ类建筑外,新加坡其他建筑的居住高度超过 24 m 时应配置至少两台消防电梯。

4.2.2 对于 PG Ⅱ类建筑,新加坡建筑的居住高度超过 24 m 时应配置至少一台消防电梯。对于超高层住宅用建筑(40 层以上),应至少配置两台消防电梯。

4.2.3 对于地下室深度超过 9 m 的所有建筑应配置至少两台消防电梯。

4.3 可接近性和覆盖区域

4.3.1 消防电梯的位置应这样设计:电梯层门边缘至楼梯通道门的距离不大于5 m。另外,每层应该能通过消防电梯前室通往楼梯通道。

4.3.2 消防电梯的位置应这样设计:消防员应能从消防电梯到达每层的任意区域。

4.3.3 不管建筑内是否安装自动喷淋系统,所需消防电梯的位置应这样设计:从消防电梯的层门至所在楼层的任意区域应在 60 m 范围内。消防电梯的紧急电源同样也应符合 SS 550:2009 的规定。

4.4 消防电梯开关

4.4.1 消防电梯的运行应符合 SS 550:2009 的要求,包括设置一个消防开关。

4.4.2 在指定楼层和备选的指定楼层应各设置一个消防开关。

4.5 消防电梯轿厢内净面积应不小于 2 m(长)×1.5 m(宽)

5 撤离电梯

5.1 总则

在紧急情况下需要通过撤离来救助居民的建筑,应设置撤离电梯。其要求适用于除了PG Ⅰ和Ⅱ类建筑之外的所有建筑,即居住高度超过24 m或有残障人士居住。

5.2 要求

5.2.1 对于规定至少设置两台消防电梯的建筑,其中一台可作为撤离居民使用,包括撤离残障人士。

5.2.2 如果消防电梯作为救助残障人士的撤离电梯,那么撤离电梯轿底净面积应至少达到1.4 m(深)×1.2 m(宽)。如果是超过40层的PGⅡ类建筑,消防电梯轿底净面积应至少达到1.7 m(深)×1.5 m(宽)。

5.2.3 对于未设置消防电梯的建筑,其中一台客梯应设计为可当作救助残障人士的撤离电梯。

5.2.4 高度超过24 m的建筑内所有客梯应与消防电梯设计在一起供居民使用,这样可以加速居民撤离。

5.3 通信

5.3.1 消防指挥中心应设置一套电梯监控系统,监控电梯所在的楼层位置、运行方向、电梯乘坐情况以及电梯的正常供电电源和应急电源,并能触发电梯井道、机房或者电梯候梯室火灾报警装置动作。如消防指挥中心有操作电梯手动直驶的功能,由消防员或公司应急救援队队员手动操作。

5.3.2 建筑内应设置一套语音通信系统。

5.3.3 电梯轿厢内应设置一套对讲系统,用于电梯操作人员与消防指挥中心通信。

5.3.4 候梯室应安装闭路电视,这样便于授权人员在消防指挥中心或者24小时有人值班的工作点了解情况,观察人员的撤离情况。还有一种方法,就是火灾发生时受防护的消防前室与消防控制中心或者24小时有人值班的工作点之间可设置一种用于求救的通信系统,采用按压按钮或者语音通信的方式来实现。

5.3.5 通信装置应满足以下要求:

(1)位于地面以上0.8 m至1.2 m之间。
(2)使用合适的标记。
(3)操作面板上永久张贴清晰可见的标识。
(4)触发时,应产生一种能被求助者清晰可见的信号,表明求助信号已经传送出去。

5.4 撤离开关

5.4.1 类似于消防电梯的开关,撤离开关应装于撤离电梯指定楼层以及备选的指定楼层(如有)的层门附近,开关的操作由建筑业主或者消防员授权的人员来操作。

5.4.2 在撤离模式下,电梯运行应与 SS 550:2009 中规定的消防员操作模式相似。

5.4.3 撤离开关应装于可击碎的玻璃前罩盒内,盒上标有"撤离开关"标识。

5.5 标识

5.5.1 对于装有供残障人士使用的撤离电梯的建筑,撤离电梯每个层门附近的墙面上应永久张贴"撤离电梯"的标识。

5.5.2 字的高度应不小于 25 mm。

5.6 受防护的候梯厅

5.6.1 撤离电梯应位于受防护的候梯厅,如烟雾隔离室、外侧出口通道或者外侧走廊。

5.6.2 对于不超过 4 层的建筑,残障人士撤离电梯对受防护的候梯厅不做要求。但是,此类建筑须安装客梯,这种电梯应配有供紧急救援人员操作的撤离开关。如果客梯未配有受防护的候梯厅,那么残障人士专用等候区应位于受防护的逃生楼梯间或在外侧走廊内。

撤离开关动作后,电梯应从群组控制的电梯中分离,所有层站呼梯按钮应不起作用,但指定楼层以及备选的指定楼层除外。轿厢内召唤按钮应依然起作用。

5.7 辅助的撤离电梯

5.7.1 高度超过 24 m 的建筑内所有客梯应符合以下要求:
(1)对于每台客梯,消防控制中心应设置一个辅助的撤离开关(具有相应的标识)。
(2)电源线应穿过几乎不存在火灾风险的区域。
(3)所有候梯厅应配有闭路电视。

5.7.2 配有辅助撤离开关的电梯,无须配有用于撤离操作的备用电源。

6 电梯返回基站

6.1 须配有火灾报警系统的建筑

6.1.1 火灾情况下,火灾探测装置或者火灾报警系统一旦触发,包括客梯、服务电梯、指定的消防电梯和指定的撤离电梯在内的所有客梯应返回的指定楼层(通常是一楼)。另外一种情况是,电梯返回备选的指定楼层(如指定的楼层发生火灾),且电梯门保持打开。

6.1.2 如果门关闭,那么带有动力驱动门的货梯应返回基站。

6.2 须配有备用发电设备的建筑

6.2.1 一旦建筑内电源发生故障或者断电,电梯供电电源应自动切换到由发电设备提供的应急电源。

6.2.2 电梯应返回到指定楼层,电梯停止运行且电梯门保持打开,直到所有电梯已返回到指定楼层。

6.2.3 包括消防电梯在内的电梯恢复运行取决于应急发电设备容量足够大。

6.2.4 正常供电恢复后,电梯应能自动返回到正常运行状态。

6.3 无须配有备用发电设备的建筑以及配有备用发电设备的建筑但无火灾报警系统或喷淋系统

6.3.1 对于未配有备用发电设备的建筑,烟雾探测器或热探测器应为电梯系统的一部分,且应连接到电梯控制柜。同时探测器一旦动作,在正常供电状态下电梯应返回至基站。包括液压电梯在内的所有电梯应配有自动救援装置,电源发生故障时自动救援装置应允许运行并就近平层,且电梯门打开。禁止电梯返回到地下楼层。

6.3.2 所有候梯厅应设置烟雾探测器或热探测器,一旦烟雾探测器或热探测器被触发动作,所有服务于相同候梯厅的电梯应返回到指定楼层或者备选的指定楼层。对于未设置火灾报警系统的建筑,烟雾探测器或热探测器应为电梯系统的一部分,应连接到电梯控制柜。同时探测器一旦动作,在正常供电状态下电梯应返回至基站。

6.4 居住和非居住用途的建筑

6.4.1 一旦发生电源故障或火灾,服务于住宅楼层和非住宅楼层的电梯应返回到指定楼层或备选的指定楼层(如果指定楼层发生火灾)。电梯应配有来自备用发电设备的辅助电源,这种发电设备应有足够的容量。

6.4.2 对于在同一个受防护的井道内客梯仅服务于住宅楼层且在非住宅楼层不停靠的情况,如果最高居住楼层的高度不超过60 m,那么电梯应安装自动救援装置。

6.4.3 对于电梯服务于地面以上的住宅楼层和地下非住宅楼层(包括停车场)的情况,电梯应配有来自备用发电设备的应急电源,当电源发生故障时,应急电源驱动电梯返回到指定楼层。在火灾情况下,当地下非住宅楼层的火灾报警系统被触发时,电梯应返回到指定楼层或备选的指定楼层(如果指定楼层发生火灾)。

6.5 备选的指定楼层

6.5.1 备选的指定楼层(如二楼)应能被识别。

6.5.2 一旦指定楼层发生火灾,电梯应返回到备选的指定楼层。

6.5.3 局部探测器。

(1)指定楼层的候梯厅应配置局部探测器。

（2）指定楼层的任何局部探测器、其他探测器或者喷淋装置被触发后应使得所有电梯返回到备选的指定楼层。

（3）局部探测器应覆盖电梯开门周围至少3 m的范围内。

（4）对于候梯厅受到耐火围壁保护的情况，局部探测器仅覆盖围壁范围内的区域。

6.5.4　备选的指定楼层的火灾风险应最小，且预先设定好客梯返回的层站，在备选的指定楼层，人们可以从电梯层门逃向楼梯间或其他安全出口。

6.5.5　对于6.3所述的未设置喷淋系统或火灾报警系统的建筑，应在天花板的位置安装合适的传感器，其辐射范围可以覆盖候梯厅区域。传感器的触发应使得电梯返回到备选的指定楼层。

6.5.6　上述电梯返回到备选的指定楼层的要求不适用于独立的侧面开放式停车场和PG I 类建筑。

7　电梯救援

7.1　总则

下列要求应适用于电梯封闭井道内提升高度超过11 m的建筑，但PG I 类建筑不适用。应结合SS 550:2009 的规定了解下列要求。

7.2　救援吊钩

7.2.1　两个相邻的电梯层门门槛间距大于11 m但小于18 m时，两个层门中位于较高位置的层门所在层站处应安装救援吊钩，吊钩位于该层站的层门门楣处，如附图1所示。

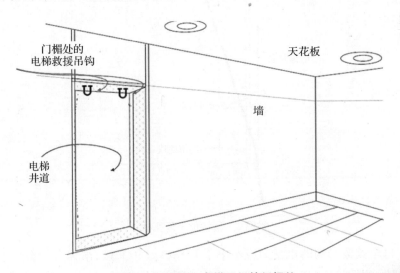

附图1　吊钩位于电梯层门的门楣处

7.2.2　还有一种就是吊钩装在位于较高位置的层门附近的天花板，如附图2所示。

吊钩离地高度不应超过 3 m,距离井道外墙壁的水平距离约 1 m,天花板应易于接近,且天花板上张贴显示救援吊钩位置的标识。

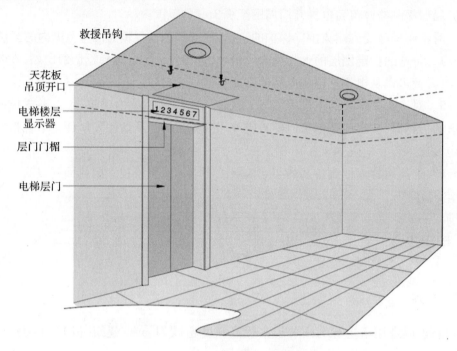

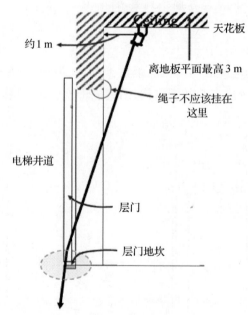

附图 2　吊钩位于天花板

7.2.3　每个救援吊钩的承受力应不小于 1 000 kg(10 kN),吊钩直径不小于 14 mm,吊钩与层门的门框间距应不小于 0.1 m,两个吊钩之间的间距应在 0.5~0.7 m 之间(附图 3)。

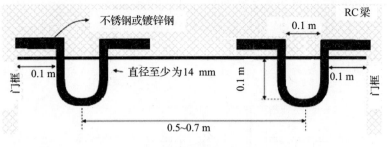

附图3　救援吊钩

7.3　井道安全门

7.3.1　相邻两个电梯层门地坎之间的间距大于18 m时,相邻两个电梯层门之间应设置井道安全门,包括井道安全门在内的地坎之间的距离不应大于18 m。该要求不适用于井道内有两个相邻轿厢,且轿厢设置轿厢安全门的情况。

7.3.2　井道安全门(附图4)应满足以下要求:

(1)宽应该至少为0.76 m,高至少为2 m。

(2)易于接近并无固定的障碍物。

(3)门是水平滑动或者单扇旋转门。

(4)可以自动关闭且能自动锁住,并标有高度不小于50 mm的标识,标明"危险,电梯井道"字样。

(5)配有钥匙,仅能从门外用钥匙打开该门,该钥匙只能专用于井道安全门,钥匙仅由经授权的人使用。

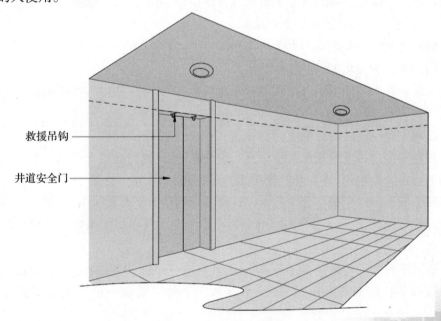

附图4　井道安全门示意图

（6）应配置电气开关，且当开关断开时电梯停止运行。

（7）井道安全门的门楣处应设置救援吊钩，救援吊钩的要求与上述相同。

7.4 轿厢安全门

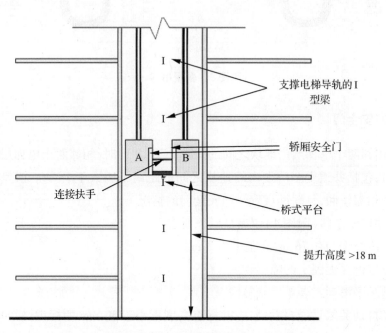

附图5　用于救援的轿厢安全门简图

7.4.1　当相邻轿厢之间设置轿厢安全门（附图5和附图6），对乘客实施救援和撤离并允许乘客从一个轿厢转移到另一个轿厢时，对封闭井道的高度不做限制。

7.4.2　轿厢安全门应满足以下要求：

（1）轿厢之间的水平距离不大于0.75 m。

（2）门的宽至少为0.35 m，高至少为1.8 m。

（3）从轿厢外无须使用钥匙就可以打开轿厢安全门，从轿厢内须使用钥匙才可以打开轿厢安全门。

（4）轿厢安全门应向内开启。

（5）轿厢安全门不应设置在对重运行的路径上，或设置在妨碍乘客从一个轿厢通往另一个轿厢的固定障碍物（分隔轿厢的横梁除外）的前面。

（6）每个安全门应配置一套涂有黄色且可拆卸的桥式平台和扶手，桥式平台和扶手应能安全固定在安全门上，平台表面应能防滑，搭建平台和扶手时应采取一定措施防止平台和扶手坠落。

（7）桥式平台的承重载荷最小为200 kg，其自重不超过10 kg，平台上标有最大承重载荷的标识应在平台表面清晰可见，搭建平台和扶手时应采取一定措施防止平台和扶手滑动。

（8）每个轿厢安全门应配置电气开关，电气开关断开，电梯应停止运行。应该采取一定措施防止搭建桥式平台或扶手时电梯运行。

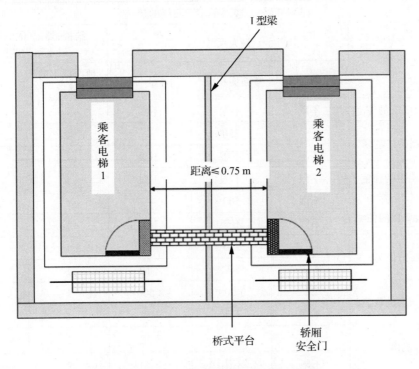

附图6　用于救援的轿厢安全门详图

8　电梯井道

8.1　电梯井道须采取防护措施，且应满足以下要求：
（1）该井道不应含有输气管道或者可燃液体管道，液压电梯机械机构中的液体除外。
（2）井道结构应是砖石或者清水墙，若采用清水墙结构，应满足以下条件：
（i）清水墙应是不易燃的。
（ii）清水墙应防火，且其耐火时间不小于附表2中规定的时间。
附表2是不同建筑对应不同的耐火时间表，附表3是对天花板的耐火要求。

附表 2　不同建筑对应不同的耐火时间表

第一部分　楼层不小于两层的建筑					
按用途分类		最大尺寸		结构、外墙、隔间墙壁的最小耐火时间/h	
		高/m	楼面面积/m²	容量/m³	地面以上的楼层	地下室
PG I 小型住宅	不超过3层的住宅	不限	不限	不限	1	1
	4层的住宅	—	250	—	1	1
		不限	不限	不限	1	2
	超过4层的住宅	不限	不限	不限	1	2
PG II 其他住宅	不超过2层的住宅	不限	500	—	1	1
		不限	不限	不限	1	2
	3层的住宅	—	250	—	1	1
		不限	不限	不限	1	2
	超过3层的住宅	28	3 000	8 500	1	2
		不限	不限	不限	2	2
PG III 机构		28	2 000	不限	1	1
		不限	不限	不限	2	2
PG IV 办公场所		15	不限	3 500	1	1
		28	5 000	14 000	1	2
		不限	不限	不限	2	2
PG V 商场		15	—	3 500	1	1
		28	1 000	7 000	1	2
		不限	不限	不限	2	4
PG VI 工厂		15	—	4 250	1	1
		28	—	8 500	1	2
		不限	不限	不限	2	4
PG VII 公共场所		15	—	3 500	1	1
		28	1 000	7 000	1	2
		不限	不限	不限	2	2
PG VIII 储存场所		15	—	1 700	1	1
		15	—	3 500	1	2
		28	—	7 000	2	4
		不限	不限	不限	4	4

续表

第二部分　仅有一层的建筑		
按用途分类	最大楼面面积/m²	结构、外墙、隔间墙壁的最小耐火时间/h
PG Ⅰ 小型住宅	不限	1
PG Ⅱ 其他住宅	不限	1
PG Ⅲ 机构	不限	1
PG Ⅳ 办公场所	不限	1
PG Ⅴ 商场	3 000	1
PG Ⅵ 工厂	不限	2
PG Ⅶ 公共场所	3 000	1
PG Ⅷ 储存场所	不限	2

附表3　对天花板的耐火要求

建筑高度	楼层形式	楼层耐火时间	天花板耐火要求
小于15 m	无隔间	不超过1小时	天花板表面火灾蔓延等级不小于1级
	带隔间	小于1小时	天花板表面火灾蔓延等级不小于1级
	带隔间	1小时	天花板表面火灾蔓延等级不小于1级,天花板的支撑件和固定件非易燃
	任意形式	超过1小时	天花板结构非易燃且无缝隙,天花板的支撑件和固定件非易燃
不小于15 m	任意形式	不超过1小时	天花板表面火灾蔓延等级不小于0级且无缝隙,天花板的支撑件和固定件非易燃
	任意形式	超过1小时	天花板结构非易燃且无缝隙,天花板的支撑件和固定件非易燃

(ⅲ) 当采用BS 9999附录L和BS 5234第二部分的标准进行测试时,清水墙应满足强度和扰度的要求。

(ⅳ) 当采用BS EN 520(针对石膏板)或者ISO 1896(针对硅酸钙或者水泥板)标准进行测试时,清水墙应满足吸水性和弯曲应力的要求。

(ⅴ) 清水墙应满足《澳大利亚建筑法》(Building Code of Australia)关于循环载荷和动态试验的要求。

(3) 对于电梯位于中庭楼板边缘或者位于建筑外墙的情况,电梯不应完全封闭在采取防护措施的井道内。

附图7是位于中庭且井道没有完全封闭的电梯,这种电梯没有分隔楼板穿过,电梯上下运行时容易使烟雾很快扩散。火灾产生的烟会从天花板扩散到中庭,并会自然向上飘移,烟雾控制系统最终会把烟雾排出建筑。

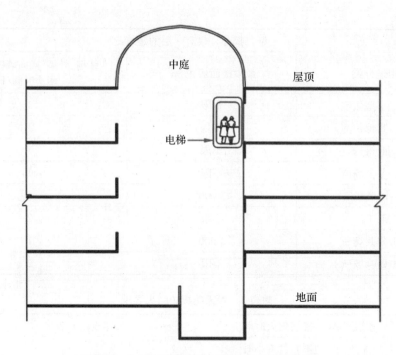

附图7　位于中庭且井道没有完全封闭的电梯

附图8是装于建筑外墙的电梯,烟和热从一个楼层扩散到另外一个楼层已无关紧要。井道无须完全封闭。

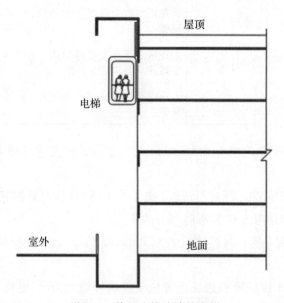

附图8　装于建筑外墙的电梯

附图9是与中庭相隔较远的电梯,这种电梯穿过分隔楼板,井道必须完全封闭,以防止烟和热从一个楼层传到另外一个楼层。

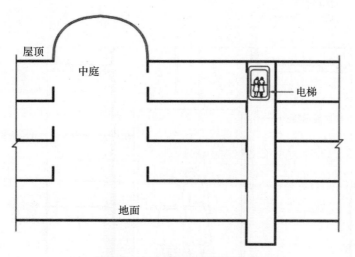

附图9　与中庭相隔较远的电梯

（4）电梯井道的排风应满足 SS 550:2009 的要求。井道应能彻底排风。对于因井道位置导致无法设置排风装置的情况，井道应设置由清水墙防护的排风管，该清水墙应符合关于清水墙的规定。如果排风管不耐火，那么电梯井道围壁处的排风管应配有防火风门。附图 10 为电梯井道的排风示意图，这种情况不适用于装有消防电梯的井道。

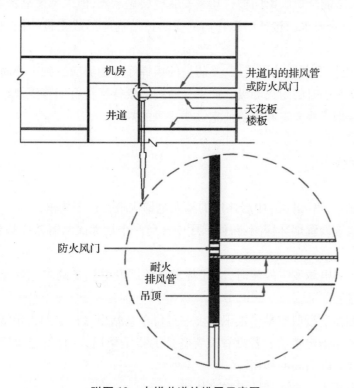

附图10　电梯井道的排风示意图

8.2　通向电梯机房的电缆开口部分应尽可能小。

8.3　电梯入口上方的门楣应属于受到防护的结构之一，满足受防护结构的耐火要求，如附图11所示。

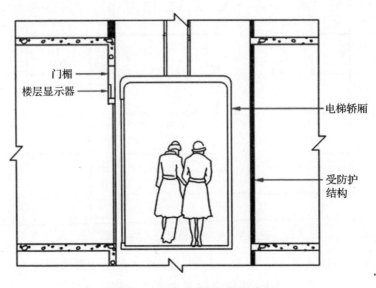

附图11　电梯受防护结构示意图

楼层显示器须安装在层门入口处附近,如果楼层显示器嵌入门楣,那么应确保楼层显示器的耐火等级不能降低。给门楣打孔来安装楼层显示器,但未考虑显示器外壳的耐火等级,这种情况不符合要求。包括门楣在内的受防护结构应形成完整的保护屏障,且具备一定的耐火等级。

8.4　如果电梯能到达地下楼层,受防护的候梯厅的围墙应达到1小时的耐火等级,其消防门应达到0.5小时的耐火等级。如果受防护的候梯厅符合烟雾隔离室的规定,那么其排放装置应符合烟雾隔离室和消防前室关于排风的规定。

9　私人电梯

专门作为建筑(PG Ⅱ类)中居住用的私人电梯应符合以下要求:

(1)候梯室应设置烟雾探测器,候梯厅中任何一个烟雾探测器动作都会导致电梯返回到指定楼层。

(2)建筑中的电源发生故障时,应配备来自备用发电设备的应急电源,这样可以使电梯返回到指定楼层。

(3)备选的指定楼层应易于被识别。一旦位于基站出口楼层的指定楼层发生火灾,电梯应返回到备选的指定楼层。若没有设置备选的指定楼层,一旦指定楼层发生火灾,电梯应返回到上一次外呼召唤的楼层。

(4)私人电梯不应当作消防电梯来使用。

(5)私人电梯应满足SS 550:2009的要求。

10 烟雾隔离室

10.1　应采用耐火等级为1小时的围墙把烟雾隔离室与建筑的相邻区域隔离。

10.2　烟雾隔离室的通道门应有0.5小时的耐火等级,且具有符合新加坡关于防火门要求的自动关闭装置。

10.3　烟雾隔离室的设计应不能阻碍逃生通道。

10.4　烟雾隔离室的面积应不小于3 m^2,其最小净宽度不小于1.2 m。如果烟雾隔离室也当作消防前室来使用,那么其面积应不小于3 m^2,其最小净宽度不小于2 m。

10.5　电梯门通向烟雾隔离室的通道门的地面平整度偏差不应该超过1/200 m。

10.6　烟雾隔离室和消防前室作为通向受防护的楼梯间、在紧急情况下消防员实施急救措施的缓冲区域时,应当作公共财产。

10.7　烟雾隔离室应通过以下方式进行排风:

(1) 位于烟雾隔离室外墙的永久固定的排风口面积不小于烟雾隔离室楼面面积的15%。排风口面积不应小于1 m^2。该排风口应靠近一个最小净面积为93 m^2、最小宽度为6 m的外部空间或者通风井,且通风区域垂直方向上无障碍。烟雾隔离室的墙面距离通风井或者外部空间不大于9 m。

(2) 形成空气对流的走廊、室、厅应满足以下要求:

(a) 设置固定的靠近外部空间的排风口,排风口应位于走廊、室、厅相对的两侧且位置较高,排风口应不小于对面外墙表面积的50%。

(b) 走廊、室、厅的墙面距离通风口不大于12 m。

(c) 如果沿着通向外部空间的通道的墙上排风口得到防护,那么12 m的距离可以沿着内部走廊进行测量,测量从中间排风口至外部空间。中间排风口宽度不应小于2 m,高度不应小于1.2 m,通向外部空间的通道宽度不应小于2 m。

11 烟雾隔离室和消防前室排风系统的规定

11.1　每小时换气至少10次。

11.2　空气应直接来自室外,自然空气从进气口进入,进气口至排气口至少相距5 m。

11.3　烟雾隔离室和消防前室外的排风管道应封闭或者采取措施使其达到1小时的耐火等级。

11.4　机械排风系统应能自动由建筑的消防报警系统触发。另外,消防控制中心的消防员可以远程控制手动操作的急停开关,如未设置消防控制中心,在总消防报警面板上操作。

11.5　应配有一种可以观察机械排风系统运行状态的装置。

12 视窗

通向受防护的楼梯间以及烟雾隔离室或消防前室的消防门应设置一个视窗,其净面积应为0.1 m(宽)×0.6 m(高),且应有一定的耐火等级。视窗受热时,其表面不应模糊,视窗底端边缘距离地面0.9 m的高度。这种视窗不适用于住宅小区或复式住宅的消防门。

13 残障人士等候区

13.1 用途。

每个楼层都应设置残障人士等候区,包括地下楼层,但一楼除外。撤离前,残障人士等候区供残障人士等待救援使用,该区域属于较为安全的区域。

13.2 残障人士等候区的设置。

(1) 每个楼层偏远的地方应设置至少两个残障人士等候区,本规范允许的带有一个楼梯间的建筑除外。当作逃生路径的走廊净宽度应至少为1.2 m。

(2) 残障人士等候区应无障碍物,其位置应按照以下顺序优先设置。

(a) 撤离电梯候梯厅;
(b) 消防电梯候梯厅;
(c) 烟雾隔离室或外部走廊;
(d) 楼梯间。

(3) 位于上述区域的残障人士等候区应远离楼梯间的边缘和逃生路径。不应减少或占用上述区域的规定面积或空间。

(4) 如果设置残障人士等候区,那么该区域应永久标识"残障人士等候区"的字样。

(5) 需要得到救助的残障人士应前往位于候梯厅的残障人士专用等候区,如附图12所示。残障人士等候区应能容纳一个轮椅,坐在轮椅上的人员可以在此区域内操纵轮椅移动自如,且其他人员比较容易接近此区域,但不能影响其他撤离大楼的人员及时疏散,这样能方便坐在轮椅上的人员等待救援。此区域设计用白色的虚线围成一个矩形图案,且面积至少为0.9 m×1.4 m。

残障人士等候区应位于消防前室、烟雾隔离室、受防护的楼梯间等具有防火功能的区域,而且该等候区可直接通往楼梯、撤离电梯或者大楼的最终出口。该区域应具有一种通信装置,可以与消防控制中心或24小时值班点通话。经过培训的相关人员应在残障人士专用的等候区陪护残障人士,并帮助他们逃离最终的出口。对于未配置撤离电梯的大楼,一旦听见报警声,需要得到救助的残障人士应就近前往位于候梯厅的残障人士专用等候区,或者在他人帮助下前往该等候区。完成搜寻工作后,经过培训的相关人员应前往位于候梯厅的残障人士专用等候区,并帮助他们经过楼梯撤离最终出口。

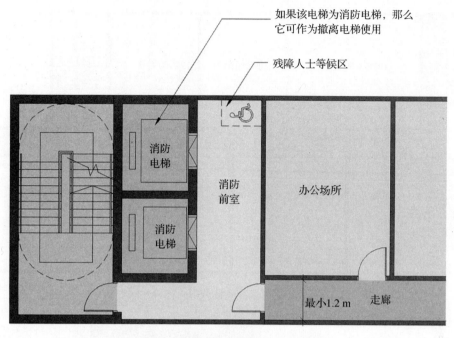

（a）位于消防前室的残障人士等候区

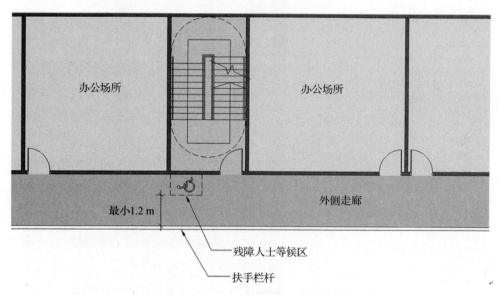

（b）位于外侧走廊的残障人士等候区

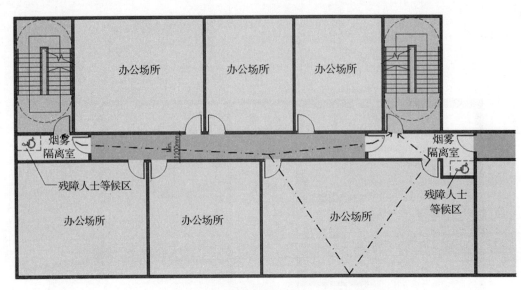

（c）位于烟雾隔离室的残障人士等候区

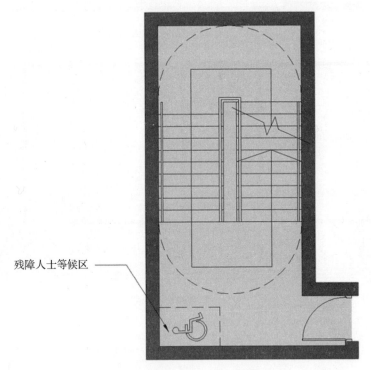

（d）位于楼梯间的残障人士等候区

附图12　残障人士专用等候区

14　通向楼梯间、烟雾隔离室和消防前室的门锁

包括手动按压型和手动旋转型在内的单向门锁装置在以下情况下不允许使用：

（1）逃生楼梯间至消防前室之间的通道门。
（2）逃生楼梯间与烟雾隔离室、消防前室、其他通道区域之间的通道门。
（3）烟雾隔离室、消防前室与其他通道区域之间的通道门。

15　通道门采用刷卡、电磁式或机电式门锁

15.1　楼梯间和烟雾隔离室、消防前室的通道门采用刷卡、电磁式或机电式门锁时：
（1）建筑的火灾报警装置或者喷淋系统被触发动作时，上述通道门应自动打开，直到手动复位火灾报警系统，才可以锁门。
（2）上述门应能用手动紧急开锁装置来开锁，手动紧急开锁装置位于门内靠近通道门门套1.5 m的范围内，且距离地面的高度为1.2 m。手动紧急开锁装置应易于获取，其上面有"紧急开锁装置"的标识，其机械结构应设计成失效保护的类型。

15.2　如果向候梯厅打开的门设有门禁，门超过一定时间会自动上锁，那么候梯厅应能直接通向至少一个楼梯间，当发生火灾或电源故障，电梯返回到一楼或备选的指定楼层时，能防止人员困在候梯厅。另外一种方法是，候梯厅设有双向通信系统，以便供受困人员求助使用。双向通信系统应连接到24小时有人值班的消防控制中心或建筑控制中心。

16　通信

消防控制中心应配有电梯监控系统。该监控系统应能监控电梯所在楼层的位置、运行方向、使用状态、电梯的正常供电电源、电梯的应急供电电源、电梯井道、机房或者候梯厅火警的触发装置。消防控制中心应安装一种能手动控制电梯直驶的设备，该设备由消防员或者在新加坡民防部队注册登记的公司应急救援队使用。

轿厢内须配置对讲系统，该系统供电梯操作人员与消防控制中心联系。

候梯厅的闭路电视有利于经授权的人员在消防控制中心或24小时有人值班点观察人员撤离情况。另外，消防控制中心或24小时有人值班点与消防前室之间也可以配有合适的通信装置。该通信装置供火灾情况下需要获得救助的人员使用，可以采用报警按钮或者语音通信装置，该通信装置应：

（1）距离地面0.8~1.2 m。
（2）标记清晰。
（3）清晰可见的运行指示标识永久显示。
（4）该通信装置一旦触发，应产生视觉信号，这样可以传递危险信息。最终目的是能让求助人员及时向消防控制中心或24小时有人值班点求助。

第二章
新加坡电梯的监管和合格评定

第一节　新加坡电梯的监管

一、监管机构

在新加坡负责电梯管理的机构主要有两个,一个是新加坡人力资源部(Ministry of Manpower)下设的职业安全与卫生司(Occupational Safety and Health Division),另一个是新加坡国家发展部(Ministry of National Development)下设的建设局(Building and Construction Authority)。

1. 新加坡人力资源部

新加坡人力资源部主要负责《工作场所安全与卫生法》和《工伤补偿法令》等法律的实施,由部长任命一名工作场所安全与卫生总监专门负责实施。新加坡人力资源部下设13个司和3个法定机构,主管电梯的职业安全与卫生司就是其中之一。该司由安全与卫生总监领导,电梯专业工程师在该司注册登记。安全与卫生总监根据公共场所实施上述法律的情况,可以对相关单位和个人实施罚款、停工和吊销资质等处罚,其中包括取消专业工程师资格等处罚,严重违法者会受到起诉。自2019年7月15日起,检验员禁止检验电梯,电梯检验员只有向新加坡职业工程师委员会(Professional Engineers Board)申请注册为专业工程师方可继续从事电梯检验工作。

职业安全与卫生司的主要目标是与业主、雇员及相关人员一起验证、评估和管理工作场所安全和卫生风险,降低工作场所事故伤亡率,并力争在未来把工作场所事故死亡率降至每100 000人死亡1.8人以下,且在安全与卫生标准方面走在世界的前沿。该司下设职业安全与卫生政策、信息和服务处(OSH Policy, Information and Corporate Services Department)、职业安全与卫生检验员处(OSH Inspectorate)、职业安全与卫生专家处(OSH Specialist Department)和工伤补偿处(Work Injury Compensation)四个部门。其中职业安全与卫生检验员处负责监督一般工作场所的法律法规执行情况,包括电梯专业工程师资格认定,电梯注册,对违反相关法律法规的个人和实体进行罚款、停业、起诉、吊销资格(包括吊销电梯专业工程师资格)等,还负责调查和总结包括电梯在内的发生在工作场所的安全事故。

2. 新加坡国家发展部

建设局隶属于新加坡国家发展部,致力于构建新加坡良好的生活环境,构筑安全、高质量、可持续和友好型社会环境。建设局下设12个部门,其中建筑规划与管理处是负责电梯管理的部门,主要负责实施新加坡最重要的电梯法规《建筑物维护与各阶层管理(电梯、自动扶梯和建筑管理)规则2018》。该部门监督管理的环节包括电梯的设计、制造、安装、使用、检验和改造修理、事故处理和违法行为的处罚,电梯承建商、电梯安装和维护保养人员须向该局注册登记。

建筑总监由建设局下设的部门建筑规划与管理处处长兼任,他负责实施《建筑维护与各阶层管理法2004》及其附属法规,其中包括《建筑物维护与各阶层管理(电梯、自动扶梯和建筑管理)规则2018》。《建筑维护与各阶层管理法2004》授权建设局的官员实施该法。

新加坡建设局在电梯检验管理方面还大胆尝试了网络管理平台——电梯检验电子申请系统。通过这个网络平台,在电梯业主选择电梯承建商,电梯承建商选择专业工程师,以及电梯业主、电梯承建商和专业工程师三方约定检验日期等方面节省了大量的人力和时间,大大提高了办事效率。自2013年12月增强版电子申请系统投入运行以来,其便捷性得到了广泛的认可。

同时,新加坡建设局还推出了建设方持证与承建商注册系统(Electronic Builders Licensing and Contrators Registration Systems),符合要求的电梯承建商可以登录这个网络平台进行注册,效率大大提高。

二、管辖范围

从管辖的设备范围来看,新加坡电梯主管部门不仅把我国法律定义的电梯,包括载人(货)电梯、自动扶梯、自动人行道等纳入《工作场所安全与卫生法》的管辖范围,同时还将我国没有纳入电梯范围的其他升降设备如提升机器、提升设备和吊具等也一并纳入其管辖范围。其中提升机器包括起重机、蟹爪式起重机、绞车、滑车、索道、运输机、堆码机、打桩机、可升降工作平台或脚手架;提升设备包括滑轮组、单轮滑车或辘护、滑轮链或滑轮链组;吊具包括链、钢丝绳、链钩、钢丝绳钩、环、吊钩、钢丝绳夹头、旋转接头、环首螺栓、载人用升降吊笼或工作平台。

在新加坡,电梯是提升设备的一种,提升设备所涵盖的设备代码均不同,不同电梯及其对应的代码主要有以钢丝绳来提升轿厢的电梯(101)、齿轮齿条电梯(102)、液压电梯(103)和其他电梯(109)。新加坡对电梯的安全监督管理主要是依据《工作场所安全与卫生法》及根据它制定的附属法规、《建筑物维护与各阶层管理(电梯、自动扶梯和建筑管理)规则2018》等法律法规,以及批准的实用规范和标准来实施。

新加坡电梯主管部门对电梯的监管主要涉及安装、改造、使用、检验等环节,同时还对从事相应作业的人员和单位如维修保养人员、承建商和专业工程师等实施监管。

三、处罚措施

新加坡《工作场所安全与卫生(事故报告)条例》规定,电梯在工作场所内发生事故后,雇主或者业主应及时向有关部门报告事故情况,为有关部门迅速采取行动赢得宝贵的时间,从而减少伤亡人数。事故报告的渠道多种多样,可以通过网络、电话、传真等途径。新加坡对电梯事故界定、调查程序、调查主体、事故处理、法律责任等都做了详细的规定。若违反相关规定,会面临严厉的经济制裁。

新加坡通过制定法律法规对电梯的制造、使用、检验、维护保养等环节提了一些具体的规定和要求,并对相应的违法违规行为进行严厉打击,针对不同的违法行为制定具体的处罚措施,不仅包括经济制裁,还包括限制人身自由的处罚,甚至两者并罚。

新加坡是世界上经济发达的国家之一,经济发达的背后必然有其先进的管理模式来支撑,在电梯使用、管理和检验方面也有其独特之处。相比于我国,新加坡在电梯使用、管理和检验方面要求更严,而且操作更规范,同时新加坡的管理还显得更加灵活,尤其是在选择专业工程师、网上注册和申请检验方面。新加坡在施工许可、使用许可等方面有其特有的管理模式。新加坡电梯相关资质的申请也有一套独特的管理模式,其管理严谨和操作性强的特点让人印象深刻。

新加坡对电梯管理、新装电梯和在用电梯的检验等方面做出详细规定,其灵活而严厉的管理模式使得新加坡电梯事故的发生率很低,对保证人民生命财产安全起到了积极的作用。

因此,新加坡电梯安全方面的法律法规有很强的可操作性。虽然我国与新加坡的国情不同,但是新加坡的某些电梯管理模式值得我们借鉴。

第二节 新加坡电梯的合格评定

一、电梯整机、部件的型式试验

SS 550:2009 要求进行型式试验的电梯安全部件有以下五种：

（1）层门锁紧装置。

（2）安全钳。

（3）限速器。

（4）缓冲器。

（5）含有电子元件的安全回路。

二、新装、改造、更换零部件与在用电梯的许可要求

负责电梯检验工作的电梯专业工程师并非受雇于政府部门。电梯专业工程师依据《建筑物维护与各阶层管理（电梯、自动扶梯和建筑管理）规则 2018》见证电梯的检查、检验和测试，并判定电梯是否处于良好的运行状态。对新装电梯的安装监督检验由专业工程师来实施，同时还需电梯专业工程师现场见证，由电梯承建商或自动扶梯承建商实施电梯或自动扶梯的检查、检验和测试。定期检验需电梯专业工程师现场见证由电梯承建商或自动扶梯承建商实施的电梯或自动扶梯的检查、检验和测试。改造、更换零部件的施工监督检验等由电梯专业工程师来完成，同时还需电梯专业工程师现场见证由电梯承建商或自动扶梯承建商实施的电梯或自动扶梯的检查、检验和测试。新加坡对电梯或自动扶梯的检查、检验和测试只能由电梯承建商或自动扶梯承建商来完成，电梯专业工程师只需见证电梯或自动扶梯承建商实施的检查、检验和测试。

安装、改造和更换零部件施工须先由建设局批准才可以实施。在用电梯和自动扶梯须进行定期检验，并且将检验合格作为取得电梯使用许可的必要条件之一。定期检验的检验周期为 12 个月，每五年进行一次满载测试。

2012 年 2 月，新加坡建设局发布了电梯使用许可证网络申请系统（E-Lift Permit To Operate System），该系统仅适用于通过网络平台申请电梯使用许可证，申请网址为 https://www.bca.gov.sg/bmsm_eservice。2013 年 12 月，增强版电梯电子申请系统（Enhanced electronic lift lodgement system）发布，其功能扩展到新装电梯、电梯改造和更换电梯部件的在线检验申请。新加坡所有电梯必须张贴电梯使用许可证，其模板如图 2-1 所示。

图 2-1　电梯使用许可证

（一）新装电梯和自动扶梯

在电梯、自动扶梯安装之前，业主必须书面告知建筑控制总监。若电梯业主 2001 年 7 月 1 日至 2010 年 6 月 30 日递交建筑规划方案，则新装电梯的设计和安装须满足 SS CP 2：2000；若电梯业主 2010 年 7 月 1 日及以后递交建筑规划方案，则新装电梯的设计和安装须满足 SS 550：2009，自动扶梯和自动人行道须满足 SS 626：2017。专业工程师依据相应标准对电梯进行监督检验。监督检验合格后由电梯业主、电梯承建商或自动扶梯承建商和专业工程师三者共同在电梯或自动扶梯安装监督检验合格证上签字（图 2-3）。电梯或自动扶梯承建商还须对电梯或自动扶梯进行检查、检验和测试，电梯专业工程师应在场并判定合格后，电梯业主、电梯承建商和电梯专业工程师三者共同在电梯检查、检验和测试合格证上签字，自动扶梯业主、自动扶梯承建商和电梯专业工程师三者同样也要在自动扶梯检查、检验和测试合格证上签字。这些证书须在建设局注册。获得电梯检查、检验和测试合格证的三个月内电梯或自动扶梯业主须向建设局申请电梯使用许可证，同时须提供电梯或自动扶梯位置布置图并交纳申请费。建设局还可以组织电梯专业工程师对其重新检查、检验和测试,合格后才能获得电梯或自动扶梯使用许可证,业主最终获得电梯或自动扶梯的使用权。

在新加坡,对于新装电梯,电梯业主申请电梯使用许可证可通过网络进行。图2-2为通过网络申请电梯使用许可证的流程,主要分为以下四步:

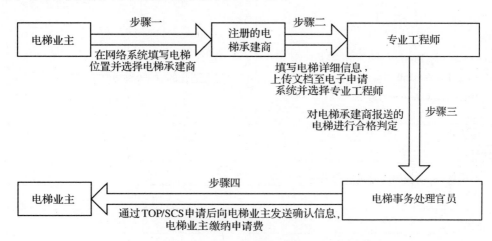

图2-2 通过网络申请电梯使用许可证的流程

第一步,电梯或自动扶梯业主通过电子申请系统填写电梯所在建筑编号、业主等相关信息,并选择电梯或自动扶梯承建商和电梯专业工程师,承诺按照《建筑物维护与各阶层管理(电梯、自动扶梯和建筑管理)规则2018》,由电梯或自动扶梯承建商来对电梯进行每月至少一次的保养,并承诺让电梯专业工程师见证由电梯或自动扶梯承建商实施的对电梯或自动扶梯的检查、检验和测试。

第二步,电梯或自动扶梯承建商确认电梯或自动扶梯技术参数,承诺按照 SS 550:2009 或 SS 626:2017 已对其实施检查、检验和测试,且电梯处于良好的运行状态,填写检查、检验和测试日期、空载测试日期和满载测试日期,上传电梯或自动扶梯位置布置图、电梯或自动扶梯安装监督检验合格证(图2-3)等。

第三步,电梯专业工程师确认以上信息,并承诺有专业工程师在现场见证的情况下,由电梯或自动扶梯承建商按照《建筑物维护与各阶层管理(电梯、自动扶梯和建筑管理)规则2018》对电梯、自动扶梯实施检查、检验和测试,确认电梯或自动扶梯处于良好的运行状态。

第四步,检查、检验和测试合格且业主获得临时居住证或法定完工证后,电梯事务处理官员向业主发出审核合格的确认信息,同时业主还须向建设局交纳一定的费用才可以最终完成申请,获得电梯使用许可证后电梯或自动扶梯方可投入使用。

《建筑控制法案》(CAP 29)
电梯/自动扶梯安装监督检验合格证

建筑控制总监
建设局
52 Jurong Gateway Road
#11-01 Singapore 608550
网址：http://www.bca.gov.sg/

说明：
(1) *删除不适用的
(2) 勾选适合的方框，添加电梯/自动扶梯编号

工程编号：_____

对安装有电梯/自动扶梯的建筑进行描述：_____
_____

地址/街道：_____

建筑名称(如有)：_____ Lot/Plot：_____
                                    TS/MK：_____

设备详情：

电梯编号	电梯类型	无障碍电梯	消防安全的规定

□客梯/编号：_____	□货梯/编号：_____
□客梯(无障碍)/编号：_____	□杂物电梯(无障碍)/编号：_____
□家用电梯/编号：_____	□可载人汽车电梯/编号：_____
□斜行电梯/座椅电梯/编号：_____	□消防电梯/编号：_____
□垂直平台升降机/编号：_____	□消防电梯(无障碍)/编号：_____
□观光电梯/编号：_____	□自动扶梯/编号：_____
□其他电梯/编号：_____	□自动人行道/编号：_____

我保证：
  (a) 我已经监督上述电梯/ *自动扶梯/自动人行道/斜行电梯/垂直平台升降机的安装。
  (b) 设计和安装。
  □自动扶梯/自动人行道符合 SS 626：2017《自动扶梯与自动人行道设计、安装和维护保养实施规范》(2018 年 3 月 1 日或者之后提交施工方案)；
  □自动扶梯/自动人行道符合 SS CP 15《自动扶梯与自动人行道安装、运行及维护保养实施规范》(2018 年 3 月 1 日之前提交施工方案)；
  □电梯符合 SS 550：2009《电力驱动乘客和载货电梯安装、运行及维护保养实施规范》；
  □斜行电梯/座椅电梯符合 EN 81-40；
  □垂直升降平台符合 EN 81-41；
  □家用电梯符合日本电梯协会标准(2014)；
  □斜行电梯/座椅电梯/垂直升降平台符合美国 ASME 18.1 标准。
  (c) 电梯符合上述相关标准，但内容有变化：
  □_____(填写电梯类型)设计和安装符合_____(填写电梯规范或者标准，但存在变化的内容)，变化内容详见附件(附件填写详细的变化内容)。
  □_____(填写日期)关于电梯设计方面的变化内容得到建筑控制总监的许可见附件(附件内容填写详细)。
  (d) 电梯符合除上述相关标准之外的标准：
  □_____(填写电梯类型)设计和安装符合_____(填写电梯规范或者标准)。
  □_____(填写日期)关于电梯设计方面的变化内容得到建筑控制总监的许可见附件(附件内容填写详细)。

专业工程师的姓名和 NRIC/FIN：	专业工程师签名和印章[注]：
专业工程师联系地址：	
	注：签发该证的专业工程师须满足《专业工程师法》(Cap. 253)中机械或电气工程的职业要求，并具备该法中有效的职业证书。
电话：	日期：

图 2-3 电梯或自动扶梯安装监督检验合格证

(二) 在用电梯

在电梯专业工程师现场见证的情况下,业主须委托一家经认可的电梯承建商对电梯进行检查、检验和测试,电梯须获得电梯检查、检验和测试合格证,该合格证由电梯承建商、电梯专业工程师和电梯业主共同签字。如果电梯检查合格,那么自电梯检查、检验和测试开始的第一天起,三个月内须把合格证递交给建设局注册并在获得该证三个月内申请电梯使用许可证,获得使用许可证后电梯方可投入使用。电梯使用许可证的申请同样可以通过电梯使用许可证网络申请系统来完成,方法类似于新装电梯申请使用许可证的方法。电梯使用许可证的有效期为12个月,从电梯使用许可证在建筑总监处备案之日起至第12个月的最后一天。图2-4为电梯检查、检验和测试合格证,图2-5为自动扶梯检查、检验和测试合格证。

申请电梯使用许可证须提供以下文档和费用:

(1) 电梯检查、检验和测试合格证。
(2) 电梯位置布置图(显示电梯位置和数量)。
(3) 申请费。

《建筑维护与各阶层管理法2004》
(2004年47号法令)
《建筑物维护与各阶层管理(电梯、自动扶梯和建筑管理)规则2018》

电梯检查、检验和测试合格证

至:建筑总监
(适用的话请引用所需的参考文件:_____)
□新电梯 □改造、更换或其他施工后的电梯 □电梯使用许可证的复证

A 建筑/结构业主(依据规则的第7条)

我/我们保证我/我们雇佣的_____(在新加坡建设局注册的电梯承建商)已按照《建筑物维护与各阶层管理(电梯、自动扶梯和建筑管理)规则2018》对电梯_____(电梯ID或编号)进行检查、检验和测试,电梯位于该证B所述的_____(电梯地址或位置)。

建筑/结构业主(包括个人/公司)的姓名　　　　　委托人的姓名和NRIC/FIN
NRIC/FIN:　　　　　　　　　　　　　　　　　　(如果建筑/结构业主是一家公司)
UEN:

建筑/结构业主或委托人的签名　　　　　　　　　公司盖章(如适用)
(如果建筑/结构业主是一家公司)

日期_____　　　　　　　　　　　　联系方式_____

B 电梯承建商(依据规则的第 7 条)

　　我们保证：

　　(1) 我们是已在新加坡建设局注册的电梯承建商；

　　(2) 在电梯专业工程师_____(电梯专业工程师姓名)在场的情况下按照《建筑物维护与各阶层管理(电梯、自动扶梯和建筑管理)规则 2018》的要求对下列电梯进行检查、检验和测试。

建筑/结构地址或位置：

电梯 ID 或编号	电梯类型	电梯检查、检验和测试依据的标准	电梯检查、检验和测试日期(日/月/年)	电梯安全装置无负载测试的日期(日/月/年)	电梯安全装置满载试验的日期(日/月/年)

注：若首次申请家用电梯、垂直平台升降机或斜行电梯使用许可证，请附一份制造商提供的电梯定期维护保养建议书(如有)及年度检查、检验和测试合格证复印件。

电梯承建商的名称和 UEN　　　　　　　电梯承建商的注册工号及财务等级

委托人的姓名和 NRIC/FIN　　　　　　　公司盖章

委托人的签名　　　24 小时联络电话　　　　日期

C 电梯专业工程师（依据规则的第 7 条和第 8 条）

（1）我保证我在场的情况下该证 B 中的电梯承建商_____（在新加坡建设局注册的电梯承建商名称）按照《建筑物维护与各阶层管理（电梯、自动扶梯和建筑管理）规则2018》的要求对电梯_____（电梯 ID 或编号）进行检查、检验和测试，电梯位于_____（电梯地址或位置）；

（2）电梯首次检查、检验和测试日期为_____；

（3）电梯处于良好的运行状态；

（4）我不是电梯业主或者电梯承建商的合作方、协作方、领导、官员或者雇员。

电梯专业工程师的姓名和 NRIC/FIN　　　　　电梯专业工程师签名

电梯专业工程师的印章　　　　　联系方式　　　　　日期

图 2-4　电梯检查、检验和测试合格证

《建筑维护与各阶层管理法2004》
（2004 年 47 号法令）
《建筑物维护与各阶层管理（电梯、自动扶梯和建筑管理）规则2018》
自动扶梯检查、检验和测试合格证

至：建筑总监
（适用的话请引用所需的参考文件：_____）
□新装自动扶梯　　□改造、更换或其他施工后的自动扶梯　　□自动扶梯使用许可证的复证

A 建筑/结构业主（依据规则的第 19 条）

我/我们保证我/我们雇佣的_____（在新加坡建设局注册的自动扶梯承建商）已按照《建筑物维护与各阶层管理（电梯、自动扶梯和建筑管理）规则2018》对自动扶梯_____（自动扶梯 ID 或编号）进行检查、检验和测试，自动扶梯位于该证 B 所述的_____（自动扶梯地址或位置）。

建筑/结构业主（包括个人/公司）的姓名　　　　　委托人的姓名和 NRIC/FIN
NRIC/FIN：　　　　　　　　　　　　　　　　　（如果建筑/结构业主是一家公司）
UEN：

建筑/结构业主或委托人的签名　　　　　　　　　公司盖章（如适用）
（如果建筑/结构业主是一家公司）

日期_____　　　　　　　　　　　　　　联系方式_____

B 自动扶梯承建商(依据规则的第 7 条)

　　我们保证:

　　(1) 我们是已在新加坡建设局注册的自动扶梯承建商;

　　(2) 在电梯专业工程师_____(电梯专业工程师姓名)在场的情况下按照《建筑物维护与各阶层管理(电梯、自动扶梯和建筑管理)规则 2018》中 SS CP 15:2004 的要求对下列自动扶梯进行检查、检验和测试。

建筑/结构地址或位置:

自动扶梯 ID 或编号	自动扶梯检查、检验和测试日期(日/月/年)

自动扶梯承建商的名称和 UEN　　　　　　　自动扶梯承建商的注册工号及财务等级

委托人的姓名和 NRIC/FIN　　　　　　　　　公司盖章

委托人的签名　　　　　　24 小时联络电话　　　　　　日期

C 电梯专业工程师(依据规则的第 19 条和第 20 条)

　　(1) 我保证我在场的情况下该证 B 中的自动扶梯承建商_____(在新加坡建设局注册的自动扶梯承建商名称)按照《建筑物维护与各阶层管理(电梯、自动扶梯和建筑管理)规则 2018》的要求对自动扶梯_____(自动扶梯 ID 或编号)进行检查、检验和测试,自动扶梯位于_____(自动扶梯地址或位置);

　　(2) 自动扶梯首次检查、检验和测试日期为_____;

　　(3) 自动扶梯处于良好的运行状态;

　　(4) 我不是自动扶梯业主或者自动扶梯承建商的合作方、协作方、领导、官员或者雇员。

电梯专业工程师的姓名和 NRIC/FIN　　　　　电梯专业工程师签名

电梯专业工程师的印章　　　　　联系方式　　　　　　　日期

图 2-5　自动扶梯检查、检验和测试合格证

电梯业主负责向建筑控制总监提出上述合格证的申请。根据新加坡税务局的规定,申请电梯或自动扶梯保养和测试合格证注册需要支付的费用如下:

(1)证书中注册备案的电梯或者自动扶梯总数小于或等于10台时,每台收取20新加坡元。

(2)证书中注册备案的电梯或者自动扶梯总数大于10台时,除了每台收取10新加坡元之外,另外还要收取200新加坡元。

费用可以通过电子付款(e-Payment)或者Giro进行缴纳。

(三)电梯改造和更换

和新装电梯一样,在电梯改造或更换作业之前,电梯业主必须书面告知建筑控制总监。电梯获得使用许可证的要求与新装电梯类似。电梯取得电梯改造或更换监督检验合格证和电梯检查、检验和测试合格证是电梯业主获得电梯使用权的必要条件之一,自动扶梯取得自动扶梯改造或更换监督检验合格证和自动扶梯检查、检验和测试合格证同样也是自动扶梯业主获得自动扶梯使用权的必要条件之一。图2-6是电梯改造或更换监督检验合格证,图2-7是自动扶梯改造或更换监督检验合格证。电梯改造或更换作业包括但不仅限于以下内容:

(1)改变或拆除电梯安全装置,或者增加电梯安全装置。

(2)改变电梯重量,包括电梯轿厢装饰。

(3)改变额定载重量或速度。

(4)改变电梯行程。

(5)改变电梯控制运行方式(包括改变软件、驱动主机或制动器的型号)。

(6)改变支撑轿厢或对重的悬挂绳的数量、型号或尺寸。

(7)改变电梯导轨的尺寸。

(8)改变安全钳的型号。

(9)改变电梯层门、轿门及轿门的驱动和控制系统。

《建筑维护与各阶层管理法2004》
（2004年47号法令）
《建筑物维护与各阶层管理(电梯、自动扶梯和建筑管理)规则2018》
电梯改造或更换监督检验合格证

至：建筑总监
(适用的话请引用所需的参考文件：_____)

A 建筑/结构业主(依据规则的第17条)

  我/我们保证我/我们雇佣的_____(在新加坡建设局注册的电梯承建商)已按照《建筑物维护与各阶层管理(电梯、自动扶梯和建筑管理)规则2018》的要求并在电梯专业工程师_____(电梯专业工程师姓名)的监督下对B所述电梯_____(电梯ID或编号)进行改造或更换作业,电梯位于该证B所述的_____(电梯地址或位置)。

建筑/结构业主(包括个人/公司)的姓名   委托人的姓名和NRIC/FIN
NRIC/FIN：   (如果建筑/结构业主是一家公司)
UEN：

建筑/结构业主或委托人的签名   公司盖章(如适用)
(如果建筑/结构业主是一家公司)

日期_____   联系方式_____

B 电梯承建商(依据规则的第17条)

  我们保证：
  (1)我们是已在新加坡建设局注册的电梯承建商；
  (2)在该证C所述电梯专业工程师_____(电梯专业工程师姓名)的监督下按照《建筑物维护与各阶层管理(电梯、自动扶梯和建筑管理)规则2018》的要求对下列电梯进行改造或更换作业。

建筑/结构地址或位置：

电梯ID或编号	电梯改造或更换清单	电梯改造或更换作业的开始日期

| 电梯承建商的名称和 UEN | 电梯承建商的注册工号及财务等级 |

| 委托人的姓名和 NRIC/FIN | 公司盖章 |

| 委托人的签名 | 24 小时联络电话 | 日期 |

C 专业工程师（依据规则的第 17 条）

（1）我保证在我的监督下该证 B 中的电梯承建商_____（在新加坡建设局注册的电梯承建商名称）按照《建筑物维护与各阶层管理（电梯、自动扶梯和建筑管理）规则 2018》的要求对 B 所述电梯_____（电梯 ID 或编号）进行改造或更换作业，电梯位于_____（电梯地址或位置）；

（2）我已经检查、检验和测试电梯，其设计和安装符合《建筑物维护与各阶层管理（电梯、自动扶梯和建筑管理）规则 2018》的要求；

（3）我不是电梯业主或者电梯承建商的合作方、协作方、领导、官员或者雇员。

| 电梯专业工程师的姓名和 NRIC/FIN | 电梯专业工程师签名 |

| 电梯专业工程师的印章 | 联系方式 | 日期 |

图 2-6　电梯改造或更换监督检验合格证

《建筑维护与各阶层管理法 2004》
(2004 年 47 号法令)
《建筑物维护与各阶层管理(电梯、自动扶梯和建筑管理)规则 2018》
自动扶梯改造或更换监督检验合格证

至:建筑总监
(适用的话请引用所需的参考文件:_____)

A 建筑/结构业主(依据规则的第 29 条)
　　我/我们保证我/我们雇佣的_____(在新加坡建设局注册的自动扶梯承建商)已按照《建筑物维护与各阶层管理(电梯、自动扶梯和建筑管理)规则 2018》的要求并在电梯专业工程师_____(电梯专业工程师姓名)的监督下对该证 B 所述自动扶梯_____(自动扶梯 ID 或编号)进行改造或更换作业,自动扶梯位于该证 B 所述的_____(自动扶梯地址或位置)。

建筑/结构业主(包括个人/公司)的姓名　　　　委托人的姓名和 NRIC/FIN
NRIC/FIN:　　　　　　　　　　　　　　　　(如果建筑/结构业主是一家公司)
UEN:

建筑/结构业主或委托人的签名　　　　　　　公司盖章(如适用)
(如果建筑/结构业主是一家公司)

日期_____　　　　　　　　　　联系方式_____

B 自动扶梯承建商(依据规则的第 29 条)
　　我们保证:
　(1) 我们是已在新加坡建设局注册的自动扶梯承建商;
　(2) 在该证 C 所述电梯专业工程师_____(电梯专业工程师姓名)的监督下按照《建筑物维护与各阶层管理(电梯、自动扶梯和建筑管理)规则 2018》的要求对下列自动扶梯进行改造或更换作业。

建筑/结构地址或位置:

自动扶梯 ID 或编号	自动扶梯改造或更换清单	自动扶梯改造或更换作业的开始日期

自动扶梯承建商的名称和 UEN	自动扶梯承建商的注册工号及财务等级
委托人的姓名和 NRIC/FIN	公司盖章
委托人的签名　　　　24 小时联络电话	日期

C 电梯专业工程师（依据规则的第 29 条）

（1）我保证在我的监督下该证 B 中的自动扶梯承建商_____（在新加坡建设局注册的自动扶梯承建商名称）按照 SS CP 15:2004 的要求对 B 所述自动扶梯_____（自动扶梯 ID 或编号）进行改造或更换作业，自动扶梯位于_____（自动扶梯地址或位置）；

（2）我已经检查、检验和测试自动扶梯，其设计和安装符合《建筑物维护与各阶层管理（电梯、自动扶梯和建筑管理）规则 2018》的要求；

（3）我不是自动扶梯业主或者自动扶梯承建商的合作方、协作方、领导、官员或者雇员。

电梯专业工程师的姓名和 NRIC/FIN	专业工程师签名
电梯专业工程师的印章　　　联系方式	日期

图 2-7　自动扶梯改造或更换监督检验合格证

　　自动扶梯的改造或更换作业包括但不限于改变速度、驱动、控制、安全装置、制动系统或梯级带。在自动扶梯进行改造或更换作业之前，自动扶梯业主必须书面告知建筑控制总监。老的自动扶梯的改造或更换施工可以符合老的标准，即 SS CP 15。如果业主在 2019 年 4 月 15 日及之后告知建筑控制总监改造或更换工作的，改造或者更换部分须符合 SS 626 的标准。

　　专业工程师在电梯的设计和安装符合相应标准的情况下进行监督检验，监督检验合格后由电梯业主、电梯承建商和专业工程师三者共同在电梯改造或更换监督检验合格证上签字。电梯承建商还须对电梯进行检查、检验和测试，专业工程师以现场见证的方式对电梯进行检查、检验和测试，判定合格后，电梯业主、电梯承建商和专业工程师三者共同在电梯检查、检验和测试合格证上签字。对于自动扶梯也同样如此。这些证书须在建设局注册。获得电梯检查、检验和测试合格证或自动扶梯检查、检验和测试合格证的三个月内，须向建设局申请电梯使用许可证或自动扶梯使用许可证，同时须提供电梯改造或更换监督检验合格证（自动扶梯改造或更换监督检验合格证）、电梯位置布置图，并交纳申请费才能获得电梯使用许可证或自动扶梯使用许可证，最终业主获得电梯、自动扶梯的使用权。

改造或更换作业后申请电梯使用许可证或自动扶梯使用许可证同样可以通过电梯使用许可证网络申请系统申请,方法与新装电梯类似。

三、监督检验和定期检验

（一）监督检验和测试

1. 电梯

为了保证新装电梯安全运行,在完工后、投入使用之前,应该对其进行检验和测试,以确认各个部件是否符合 SS 550:2009 的要求。对于已经安装但经改造的电梯也要进行类似的检验和测试,包括对机房和机房设备、安全电路、提拉绳和限速器钢丝绳、井道设备、平衡系数、限速器、安全钳、消防电梯运行和紧急操作的检验和测试。

（1）机房检验的内容。

① 检查机房的清洁度；

② 检查机房的照明和通风装置；

③ 检查主开关和电路断路器的位置及标识；

④ 检查并确保机房上锁,以防未经批准的人员进入；

⑤ 检查机房中地面开口的保护装置；

⑥ 检查机房抵御天气干扰的能力。

（2）机房装备的检验。

① 电源:关。

(a) 曳引机。

记录和检查主机数据标牌；

检查固定螺栓；

检查油位表和油位；

检查曳引轮和轮直径；

检查辅助滑轮；

检查营救工具。

(b) 提拉绳。

记录提拉绳的型号、编号和直径。

(c) 限速器。

记录和检查限速器数据标牌；

检查限速器的基本工况；

检查限速器绳和直径；

检查动作机构和限速器开关。

(d) 制动器。

检查制动衬和制动鼓的清洁度；

检查制动销的润滑；

检查制动器电气触点的状况。

(e) 控制机构。

检查所有的继电器、变压器、印刷电路板、开关、接触器、转换器、整流器、电阻器、电容器、电抗器和配线；

检查所有的保险丝固定装置内须配备合适的保险丝。

(f) 布线。

检查所有机房的布线、地线和绝缘电阻。

(g) 电池供电的应急电源。

检查电池供电的应急电源。

(h) 自动救援装置(ARD)。

检查自动救援装置(如有)。

② 电源：开。

(a) 曳引机。

观察曳引机的工作状况，并且留意异响。

(b) 提拉绳。

检查提拉绳是否有表面缺陷。

(c) 限速器。

在正常运行工况下检查限速器。

(d) 制动器。

观察制动器平稳运行的状况，确保闸瓦与制动鼓的间距尽可能小。当电梯已经运行一段时间后，在制动鼓的表面不应有明显的温升。

(e) 控制器。

检查并确保所有继电器和接触器运行正常，动作时无过多的火花和振动。

(f) 电池供电的应急电源。

检查电池供电的应急电源功能。

(g) ARD。

检查 ARD 功能(如有)。

③ 安全回路的测试。

切断主开关，通过电压表或测试灯确定电梯所有的控制电路和动力电路都断电。确保以下任何一个开关或继电器的动作都不会导致电梯运行，并通过弹簧引起制动器抱闸。

(a) 相序保护继电器。

(b) 电机过流继电器。

(c) 限速器开关。

(d) 电机保护继电器(仅限于直流电梯)。

(e) M-G 开关(仅限于直流电梯)。

(f) 如果层门互锁，轿门触点或者层门触点中任何一个断开。

(g) 上行或下行限位。
(h) 上行或下行端站停止装置。
(i) 轿厢和轿顶停止开关。
(j) 轿厢安全钳开关。
(k) 补偿绳轮开关(如有)。
(l) 底坑开关。
(m) 顶部或侧边紧急出口开关(如有)。

在测试(a)到(m)项时,确保电梯处于低速运行。

④ 提拉绳和限速器绳的检验与检查。

在电梯低速运行时,仔细检查所有提拉绳和限速器绳是否存在缺陷,认真检查所有悬挂绳和限速器绳是否有破损。在轿顶处或机房内检查绳附件和巴氏合金绳套。

⑤ 井道设备检验和检查。

(a) 测量轿顶间距和其他所有指定的间距以保证符合 SS 550:2009 的要求;
(b) 测量导轨支架的最大跨度和检查所有支架的安装情况;
(c) 检查并确保导轨的接头平整光滑并且装有合适的垫板;
(d) 检查轿厢和对重的导轨尺寸;
(e) 检查电梯井道的布线;
(f) 检查柔性随行电缆的吊架安装是否安全可靠;
(g) 检查随行电缆在电梯运行时不会接触到电梯井道内任何突出的部分;
(h) 检查所有滑动导靴是否添加合适的润滑剂;
(i) 检查电梯轿厢的布线是否符合 SS 550:2009 的要求;
(j) 用弹簧秤或其他合适的设备来判断提拉绳和限速器绳张力是否适当且是否均匀;
(k) 检查对重和轿厢的间距是否符合 SS 550:2009 的要求;
(l) 检查电梯井道内表面与轿厢地坎之间的距离是否符合 SS 550:2009 的要求;
(m) 检查对重和辅助对重以确保它们安全可靠,并确保所有防松螺母和开口销安装到位;
(n) 检查所有层门、层门地坎和门吊架以确保其安装可靠;
(o) 检查并确保已配置底坑照明和爬梯;
(p) 检查所有层站入口的机械锁完好有效;
(q) 检查并确保底坑设置对重护栏;
(r) 检查缓冲器安装是否正确;
(s) 检查液压缓冲器的油位;
(t) 检查补偿绳、补偿绳轮和补偿链(如有);
(u) 检查限速器绳的张紧装置;
(v) 测量轿厢和对重越程以及轿底间距;
(w) 检查安全钳以确保其安装正确;
(x) 检查警铃和对讲系统;

(y) 检查门重开装置。

⑥ 平衡系数检查。

从空载开始,载荷逐步以25%的额定载重量增加,并记录上行和下行时的速度及电机电流。电机电流不得超过(在开始电涌后)额定值。描绘上行和下行时的电流及速度,得到平衡点。也可以采用其他方法获得平衡点。

(a) 对于客梯,当轿厢装有125%的额定载重量的载荷时,让电机和制动器突然失电,查看制动器是否让下行电梯保持停止状态。

对于货梯,须静载检查,当轿厢装有150%的额定载重量的载荷时,查看制动器是否使轿厢保持停止状态。

当轿厢装有100%的额定载重量的载荷时,需进一步测试。

(b) 模拟电梯满载情况下持续运行半小时,测量电机的温升,运行方向和运行方式的对应见表2-1,运行周期为半小时。

表2-1 运行方向和运行方式的对应表

方向	运行方式
上	运行至某一层站(两次)
	运行至两个层站(一次)
	直接运行至顶层(一次)
下	运行至某一层站(两次)
	运行至两个层站(一次)
	直接运行至底层(一次)

⑦ 限速器的测试。

电气动作速度和机械动作速度应符合SS 550:2009的要求。

⑧ 安全钳的测试。

轿厢满载情况下以额定速度下行时,手动触发限速器动作,进行测试。

⑨ 消防电梯的操作。

测试并确保消防电梯操作符合SS 550:2009中13.2.2的要求。

⑩ 紧急操作。

测试并确保紧急操作符合SS 550:2009中13.1.1、13.1.2和13.1.3的要求。

2. 自动扶梯或自动人行道

在对新装自动扶梯或自动人行道监督检验之前须对其进行预检查。为检查其是否符合SS 626:2017标准的要求,需提供下列资料:

(1) 计算数据。

① 自动扶梯或自动人行道支撑结构的静应力分析资料或相关有资质的人员出具的等效证明文件;

② 直接驱动梯级、踏板或胶带的部件(如梯级链、牵引齿条等)要具有足够的抗断裂强

度的计算证明；

③ 有载自动人行道制动距离的计算及其修正的计算数据；

④ 梯级或踏板的试验证明文件；

⑤ 胶带的断裂强度证明文件；

⑥ 对于公共交通型自动扶梯或自动人行道，应有扶手带的断裂强度证明文件。

（2）检查总体布置图、设备说明书和布线简图（带图示或说明内容的电流流程图及端子连接图）是否符合 SS 626：2017 标准规定的安全要求。

监督检验已安装完成的设备的有关数据是否符合 SS 626：2017 标准所规定的有关制造与安装要求。检验内容包括：

① 整体目测检查。

② 功能试验。

③ 安全装置动作的有效性试验。

④ 对空载自动扶梯或自动人行道要进行制动试验，以判定其是否符合 SS 626：2017 标准所规定的制停距离。同时应按 SS 626：2017 标准要求的计算值检查制动器的调整情况。此外，除非制停距离可以通过其他方法检验，否则在制动载荷下须对自动扶梯或自动人行道进行制停距离试验。

⑤ 测量不同回路导体对地的绝缘电阻。在做这一测量时，电子元件应断开。

还应进行自动扶梯或自动人行道驱动站接地端子与其他易于意外带电的不同部件之间连接的电气连续性试验。

（二）定期检验和测试

1. 电梯

电梯业主应每隔 12 个月就让电梯接受检查和检验，检查和检验由专业人员实施，以确定电梯及其机器和设备工作状态完好。在空载情况下每隔 12 个月应对轿厢安全钳进行测试，在满载情况下每隔 5 年应对轿厢安全钳进行测试。

应检查、检验和测试以下项目：

① 曳引轮和齿轮；

② 制动器的可靠性；

③ 主电路对地绝缘电阻；

④ 限速器和提拉绳以及补偿链固定装置；

⑤ 限速器，包括轮和动作机构；

⑥ 安全钳的有效性；

⑦ 上行超速保护装置的功能（如有）；

⑧ 门保护装置；

⑨ 轿门和层门安全开关与锁；

⑩ 轿门和层门的间距与运行；

⑪ 门联动装置及相关固定件；

⑫ 轿顶操作开关的功能；

⑬ 轿顶、地坑和端站极限开关；

⑭ 超载称重装置及报警功能；

⑮ 轿厢和对重越程及顶部间距；

⑯ 缓冲器。

多次定期测试后不应产生过度磨损现象或者施压，否则会降低安全钳的有效性，特别是对部件的测试，如安全钳和缓冲器。如果对这些部件进行测试，轿厢应在空载或满载情况下以慢速进行测试。参与定期测试的专业人员应确保这些部件（在正常服务状态下不动作）处于正常工作状态。

2. 自动扶梯或自动人行道

年度检验和试验的目的是检查安全装置动作的有效性，确保自动扶梯或自动人行道安全运行，并应针对下列内容进行检查：

① 制动器试验；

② 各驱动元件是否有明显的磨损及损坏痕迹，胶带或链条是否有足够的张力；

③ 梯级、踏板或胶带是否有缺陷，运行和导向是否正常；

④ 标准所规定的尺寸和公差；

⑤ 梳齿板的状况与调整是否适当；

⑥ 护壁板和围裙板；

⑦ 扶手带；

⑧ 驱动站的接地端和自动扶梯或自动人行道偶然带电的不同部件之间连接的电气连续性试验。

四、市场准入

（一）电梯承建商

凡在新加坡公司与商业注册局（Accounting & Corporate Regulatory Authority）注册登记的个人（自然人、合伙人）或公司即可从事工程承包。但是参与政府投资兴建的工程必须取得新加坡政府建设局相应的承包资质，私人业主往往参照政府标准对承建商提出资质要求。

新加坡政府将主要承包工作分为七大类，即土木建筑类（Construction Workheads）、土建相关类（Construction Related Workheads）、机电类（Mechanical & Electrical Workheads）、维护类（Maintenance Workheads）、供应类（Supply Workheads）、规范类（Regulatory Workheads）和交易类（Trade Heads）。每个大类可具体分为若干小类，如土建相关类分为 CR1（Minor Construction Works）、CR2（Corrosion Protection）、CR3（Demolition）、CR4（Fencing & Ironworks）等。各个小类承包商再被细分为若干财务等级（Financial Grades），如土木建筑类分为土建（CW02）和房建（CW01）两个小类，而土建和房建又各被细分为七个财务等级，分别是 A1、A2、B1、B2、C1、C2 和 C3，其中 A1 承包商竞标与执行工程没有金额上限，A2 承包商为 10 500 万新加坡元或以下，最低等级 C3 承包商为 75 万新加坡元或以下。

相关承包商只能竞标和执行属于自己资质范围内的,且不高于自己财务等级的项目。申请某一承包商资格,需要承包商雇佣一定数量的具有新加坡政府认可的学历和从业经验的雇员,具有超过规定的最低金额的注册资本,完成规定的最低金额的相关累计承包合同量,其中一定数量的承包合同量必须在新加坡进行且一定数量的承包项目的主承包商必须是该公司。这是新加坡建设局对土木承包商申请C3至A1承包资质的具体规定,从中可以看出,在新加坡进行承包作业的最低要求是注册一个注册资金不少于25 000新加坡元、雇佣至少一名专业技术人员的CW C3公司。

若承包商希望注册为当地公司,至少需要一位董事,其必须为年龄超过21岁的当地居民。当地居民包括新加坡公民、永久居民、有效居住证件持有者。申请人可以通过新加坡劳工部工作准证局(MOM)申请相关有效居住证件。若承包商希望注册为外国公司当地分公司,需要指定两位当地居民作为其代理人执行日常业务。当地居民的定义与相关申请条件和上面相同。如果承包商选择不依靠任何专业人士(机构)自行注册当地公司,公司的所有董事、秘书等必须是新加坡公民或永久居民。

公司成立伊始,承包商需要在公司章程中注明公司的主营业务范围。近年来,随着新加坡公司法的变化,对于是否需要在公司章程里明确注明主营业务,以及公司实际运作是否可以超越公司章程中既定的主营业务的规定越来越淡化。一般来说,为商业活动需要而成立的法人可以进行任何业务,只要公司具有进行该项业务所必需的技术与财力。

在新加坡进行承包作业基本上必须具有相关的承建商资质。首次注册的个人所有制或合伙制企业原则上最高只能定为C1或L1级。对于承包某些特定行业工程的承建商,其人员或企业须获得相关政府部门颁发的许可证后方可进行资质评定。

电梯承建商工号为RW02,自动扶梯承建商工号为RW03。电梯和自动扶梯承建商分别负责电梯和自动扶梯的安装、改造、更换、检验、检查、测试和维护保养等作业。电梯承建商和自动扶梯承建商在实施检查、检验、测试、维护保养等作业前须向新加坡建设局注册,注册可在承建商注册系统(Contractors Registration System)中注册。在新加坡建设局注册的承建商分为七类,电梯和自动扶梯承建商属于其中的机械和电气类(Mechanical & Electrical)。注册须满足以下条件:

(1)电梯和自动扶梯承建商须递交近12个月内的经营账本,其已缴资本至少要达到50 000新加坡元。

(2)须雇佣一名至少具有三年相关工作经验的、至少是大专学历的技术人员或者一名专业人员。该技术人员须具有专业为电气/电子、机械工程、建筑服务或对等的技术资格且具有认可的文凭;专业人员须具有专业为电气/电子、机械工程、建筑服务或对等的职业资格且具有认可的文凭。

(3)向新加坡公司与商业注册局注册公司或者企业,公司或者企业可以是独资、合资、私营或者公营的形式。

如有以下情况发生,建设局有权中止或者吊销电梯承建商的注册资格证书,吊销前会通知相关承建商并给予承建商陈述的机会。

① 电梯承建商未按照《建筑物维护与各阶层管理（电梯、自动扶梯和建筑管理）规则2018》履行其职责；

② 电梯承建商违反建设局的相关规定；

③ 电梯承建商、承建商的主管、雇员或者合作人涉嫌犯罪，建设局认定电梯承建商不得继续持有资格证书；

④ 电梯承建商实施的行为对公共安全产生危害，或者对建筑结构产生负面影响；

⑤ 电梯承建商未遵守相关的法律法规；

⑥ 出于对公共安全的考虑。

（二）电梯专业工程师

根据《工作场所安全与卫生法》的规定，电梯必须由专业工程师来检查、检验和测试。据新加坡职业工程师委员会网站统计，截止到2019年5月1日，新加坡国内共有84名电梯专业工程师，绝大部分电梯检验员已经注册为电梯专业工程师。

新加坡电梯专业工程师的主要职责如下：

（1）实施对电梯的测试和检验。

（2）出具电梯检查报告。

（3）向建设局注册登记包括电梯在内的提升设备。

专业工程师资格证书可以在网上申请，但是需有Singpass账户（新加坡用于处理个人事务的网站）且由安全与卫生总监授权。

申请专业工程师资质须符合以下几个条件：

（1）申请人是已在职业工程师委员会注册的专业工程师。

（2）在电梯和自动扶梯领域持有有效的职业证书。

（3）身份证或劳动证（NRIC或Work Pass）复印件。

（4）申请人在电梯设计、制造、保养、检验或者其他相关方面至少有5年工作经验。

（5）申请人须熟悉电梯检验方面的法律法规和标准。

（6）申请人须递交一份其在电梯设计、制造、保养、检验或者其他相关方面从业的书面技术报告（不少于1 500个字）。

（7）须参加并通过职业安全与卫生司组织的专业面试。

（8）缴纳申请费250新加坡元。

（9）60岁及以上的申请人须提供体检报告，该报告由医生确定其身体条件是否适合电梯专业工程师的工作。

递交上述材料8周后会有申请结果，取得电梯专业工程师资质后终身有效。

（三）进口电梯的产品认证

新加坡对进口电梯无须CE认证及其他认证，但有时在与客户签订合同时会约定电梯须经CE认证或其他认证。新加坡对进口电梯只需满足SS 550：2009的要求，自动扶梯和自动人行道只需满足SS 626：2017的要求。

第三章

新加坡电梯的使用要求

第一节 电梯的维护保养

《建筑物维护与各阶层管理(电梯、自动扶梯和建筑管理)规则2018》规定,电梯业主须雇佣电梯承建商对电梯进行维护保养。

一、电梯维护保养的要求(表3-1)

表3-1 电梯维护保养的要求

维护保养的内容	要 求
1. 开门控制	(a) 如果电梯层门或轿门打开,且按下层门或轿门的开门按钮,这些门须保持打开状态。 (b) 如果电梯层门或轿门未关闭到位,此时按下层门或轿门的开门按钮,那么未关闭到位的层门或轿门须再次打开。
2. 门保护装置	门保护装置动作时轿门和层门运行应正常,门再次打开。
3. 层门和轿门	(a) 层门和轿门关闭并锁紧时电梯才能运行,且满足: (i) 轿门间隙不超过 12 mm; (ii) 当轿门地坎处存在障碍物时,如果电梯入口高度不超过 2.1 m(如果电梯入口高度超过 2.1 m,高度每增加 0.5 m,轿门间隙可能会增加 3 mm),轿门上滚轮应设置成保持轿门间隙不超过 25 mm; (iii) 层门间隙不超过 10 mm; (iv) 轿门门扇之间的间距不超过 10 mm; (v) 轿门门扇与立柱、门楣或地坎之间的间距不超过 10 mm。 (b) 如果电梯运行时检测到层门打开或未上锁,电梯应立即停止运行。 (c) 如果电梯运行时检测到轿门打开,电梯应立即停止运行。 (d) 轿门和层门(包括轿门和层门部件,如门滑块、滚轮、挂板、连杆)不能出现过度磨损和断裂。

续表

维护保养的内容	要　求
4. 轿厢紧急报警装置	当按下轿厢紧急报警装置的按钮时,报警声音可以从以下位置听见: (a) 井道外; (b) 电梯标准中规定的指定楼层。
5. 轿厢对讲装置	当按下轿厢对讲装置的按钮时,该装置须达到预期的功能。
6. 轿厢照明和排风装置的应急电源	如果电梯正常运行的供电电源中断,轿厢照明和排风装置的应急电源须起作用。
7. 轿厢运行	电梯运行时不能有异响或异常振动。
8. 保洁	机器、机器空间、底坑、井道和轿顶应保持干净、整洁,并且无杂物和垃圾。
9. 电梯主机和驱动(包括电动机、齿轮箱、驱动轮和电动发电机装置)	(a) 电梯主机和驱动装置不能漏油。 (b) 运动部件、连接处和齿轮箱润滑良好。 (c) 电梯主机和驱动装置安装到位。
10. 制动器	(a) 制动器不能有油或油脂,也不能存在被油或油脂污染的风险。 (b) 制动器动作时应使得轿厢减速、停止并保持停止状态。 (c) 如果电梯装有附加制动器,以防止轿厢意外移动,那么该制动器动作时应使得轿厢停止运行并保持停止状态。
11. 直流主机	(a) 碳刷长度应在制造单位建议的范围内。 (b) 碳刷架的绝缘部分不能产生碳颗粒累积的现象,否则会产生电弧,甚至会引起燃烧。 (c) 转换器应没有无关的沉积物,运行时不会产生火花。
12. 限速器	(a) 电梯运行时限速器须按预定方式起作用,且能有效触发安全钳动作。 (b) 根据制造单位的建议,限速器绳不应产生过度磨损或断裂,如果制造单位的建议不适用,须满足 ISO 4344:2004 的规定。
13. 悬挂绳和补偿绳	(a) 悬挂绳张力均匀且张力合适。 (b) 根据制造单位的建议,悬挂绳和补偿绳不应产生过度磨损或断裂,如果制造单位的建议不适用,须满足 ISO 4344:2004 的规定。
14. 补偿绳及补偿绳轮的匹配和张紧	根据制造单位的建议,电梯运行时补偿绳及补偿绳轮须张力合适,且导向良好。
15. 缓冲器	(a) 根据制造单位的建议,油位指示器显示缓冲器中应有足够的油。 (b) 缓冲器应始终保持足够的缓冲力,以保护电梯运行时轿厢中的乘客。

续表

维护保养的内容	要　　求
16. 控制柜和电气系统	(a) 控制柜、电子和电气系统以及电路板(包括含触点或电子元件的印刷电路板)可靠接地。 (b) 乘客和维护保养人员处于危险状态时,控制柜须立即触发轿厢使其停止运行,并防止其继续运行。 (c) 电梯运行时安全钳开关须按预期保持功能完好。 (d) 控制柜、电子和电气系统、布线以及电路板(包括含触点或电子元件的印刷电路板)无缺陷(如过热、脱层、燃烧、变形和腐蚀)。 (e) 控制柜布线、电子和电气系统无缺陷(如不正确或不合理的接线、绝缘不彻底以及导线裸露)。 (f) 电梯运行时,控制柜、电子和电气系统、布线以及电路板(包括含触点或电子元件的印刷电路板)保持功能完好。
17. 轿厢和对重导靴或滚轮	电梯运行时轿厢和对重导靴或滚轮限定轿厢和对重的运行轨迹。
18. 安全钳	(a) 须对安全钳进行维护保养,电梯运行时应保证其有效动作。 (b) 安全钳动作时应能让轿厢和对重停止运行,并能保持住轿厢和对重,其允许的制动距离应符合电梯设计标准的规定。
19. 电梯部件	电梯部件腐蚀、磨损或断裂时应不影响电梯安全运行。
20. 平层精度	电梯轿门的平层精度须在 ±10 mm 范围内。

二、自动扶梯和自动人行道维护保养的要求(表3-2)

表 3-2　自动扶梯维护保养的要求

维护保养的内容	要　　求
1. 信号和显示	(a) 安全信号和方向显示须清晰可见。 (b) 自动扶梯梯级边缘须清晰地标有黄线。 (c) 自动扶梯梳齿附近应有足够的照明。
2. 防爬、防滑、入口限制和防夹装置	防爬、防滑、入口限制和防夹装置安装到位,且能按照预期要求发挥作用。
3. 紧急停止开关	紧急停止开关动作须触发自动扶梯紧急停止。
4. 扶手系统	(a) 扶手带运行方向应与梯级运行方向相同,扶手带运行速度与梯级运行速度偏差应在 ±2% 的范围内。 (b) 如果异物进入扶手带入口,扶手带入口安全开关应动作,并使自动扶梯停止运行。
5. 保洁	驱动站、转向站和桁架区域内所有机器和机器空间应保持干净、整洁,并且无杂物和垃圾。

续表

维护保养的内容	要　求
6. 驱动主机、制动器、链轮和附加制动器	(a) 驱动主机不应漏油。 (b) 运动部件、连接处和齿轮箱润滑良好。 (c) 制动器动作时应使自动扶梯停止运行,制停距离应在自动扶梯设计标准规定的范围内。 (d) 所有机器安装到位。
7. 安全开关和传感器(如围裙板开关、梳齿开关、梯级下陷开关、梯级上移开关、梯级缺失监控装置、地板或入口盖板监控开关、驱动链张紧和梯级链张紧监控开关)	安全开关动作应使得自动扶梯停止运行。
8. 超速、逆转保护	自动扶梯梯级速度超过额定速度的20%时,应触发自动扶梯停止运行。
9. 运行间隙	自动扶梯梯级与围裙板之间的间隙、自动扶梯梯级与梳齿之间的间隙及其他间隙应符合自动扶梯设计标准的要求。
10. 自动扶梯部件	自动扶梯部件腐蚀、磨损或断裂时应不影响自动扶梯的安全运行。
11. 控制柜和电气系统	(a) 控制柜、电子和电气系统以及电路板(包括含触点或电子元件的印刷电路板)可靠接地。 (b) 乘客和维护保养人员处于危险状态时,控制柜须立即触发自动扶梯使其停止运行,并防止其继续运行。 (c) 控制柜、电子和电气系统、布线以及电路板(包括含触点或电子元件的印刷电路板)无缺陷(如过热、脱层、燃烧、变形和腐蚀)。 (d) 控制柜布线、电子和电气系统无缺陷(如不正确或不合理的接线、绝缘不彻底以及导线裸露)。 (e) 自动扶梯运行时,控制柜、电子和电气系统、布线以及电路板(包括含触点或电子元件的印刷电路板)保持功能完好。

* 自动人行道维护保养的要求和自动扶梯类似。

第二节 电梯的紧急操作

一、断电时电梯的紧急操作

(一) 紧急操作的供电电源

电源断电时备用的自动供电系统供电能力应满足 SS 535 的要求,并能提供紧急操作、撤离电梯运行以及消防电梯运行所需的电源。因此,电源断电时备用的自动供电系统应能保证消防电梯一直运行,并提供所有其他电梯紧急和救援操作所需的电源。

对于相关部门没有要求配置该供电系统的建筑,应配置自动救援装置(ARD),以满足断电情况下紧急操作的相关要求。自动救援装置应有足够的容量,以保证至少持续两次紧急操作,且在实施紧急操作后 6 小时内自动救援装置应能充满电。

(二) 断电情况下的紧急操作

在断电情况下,电梯的供电应自动切换到由备用供电系统产生的紧急供电电源,消防电梯和撤离电梯应驶向指定楼层。同时,其他电梯(包括轿门为手动操作的电梯)应驶向指定楼层,乘客电梯驶向指定楼层后,服务电梯和货梯驶向指定楼层。所有电梯停靠在指定楼层,且门保持打开状态。直到所有的电梯停靠到指定楼层为止,只有轿门为手动操作的电梯停在任一楼层,且门保持打开。轿门为手动操作的电梯停在原处并处于停止运行状态。之后,包括消防电梯和撤离电梯在内,只要紧急供电系统的供电能力足够,另外一台或多台电梯就可以恢复运行。对于建筑物内未设置电源断电时备用的自动供电系统,电梯应配备自动救援装置。这些电梯应就近平层且门保持打开状态。正常供电恢复后,电梯应能自动恢复运行。

二、火灾时电梯的紧急操作

火灾探测器一旦探测到火灾,电梯应停靠在指定楼层,且门保持打开。一旦指定楼层发生火灾,电梯应驶向备选的指定楼层。电梯到达指定楼层或者备选的指定楼层后,电梯应该自动停止运行。对于轿门是手动操作的电梯,它在某一楼层应保持停止运行且取消正常运行状态,同时门保持打开。

对于相关部门没有要求配置备用的自动供电系统的建筑,电梯门厅处应配置火灾探测器。在正常供电状态下,火灾探测器一旦动作,服务于相同门厅的所有电梯应驶向指定楼层或者备选的指定楼层。

火灾探测器动作后且对火灾报警面板通过下述钥匙开关进行复位后,电梯的正常运行应通过手动方式来复位。钥匙开关应标有"自动""手动报警""手动报警直驶"三种字样。经相关部门批准,也可以采用其他类似于这种钥匙开关的对等设备。这个开关的作用如下：

(1) 在"自动"位置时，电梯应正常运行，SS 550:2009 中 13.1.2 和 13.1.3 所述的紧急操作装置被触发起作用。

(2) 在"手动报警"位置时，SS 550:2009 中 13.1.2 所述的紧急操作由手动触发，且与火灾探测装置独立。

(3) 在"手动报警直驶"位置时，电梯绕过火灾探测装置返回到正常运行状态。

开关在"自动"或"手动报警"位置时，钥匙才能被拔下来。

如果客梯或服务电梯被用作消防电梯，消防电梯开关动作应使电梯按照消防员服务功能运行。如果客梯或服务电梯被用作撤离电梯，撤离开关动作应使电梯按照消防员服务功能运行，这与断电和火灾情况下的电梯紧急操作是相互独立的。在每个层站处的明显位置应张贴标有"一旦发生火灾，请勿使用"字样的警示标识，但是用于撤离用途的电梯除外。

三、残障人士专用的撤离电梯

如果规定至少有一台客梯或服务电梯当作撤离电梯，那么该电梯专属于被授权的紧急操作人员在紧急情况下使用。在指定楼层或备选的指定楼层配有一个面板可打击碎的盒子，上面标有"撤离开关"字样。拨动此开关，紧急操作人员可以控制该电梯，外招按钮不起作用。

如果有关部门要求，除了消防电梯和撤离电梯外，其他所有的客梯和服务电梯应配置二次撤离开关，那么二次撤离开关动作应使电梯处于"消防员模式"。仅在消防控制中心或中央操纵站配置二次撤离开关。如果该中心没有这样的二次撤离开关，那么二次撤离开关应位于指定楼层的层门旁。该开关与消防开关类似，面板的标识应为"二次撤离开关"。

四、消防电梯

根据有关部门的要求，应至少有一台客梯用作消防电梯，在紧急状况下由消防员专用。该消防电梯在指定楼层处设置一个开关，开关位于标有"前端可击碎"的盒子内，盒身标有"消防开关"字样，这样消防员无须在层站按下呼梯按钮即可操作电梯。消防电梯应有一个面积不小于 $1.45\ m^2$ 的轿底，至少能承受 545 kg 的载重。电梯应能在一分钟内从指定楼层到达顶层。对于楼层超过 40 层的建筑，消防电梯轿底净面积应至少达到 1.7 m（长）× 1.5 m（宽）。消防电梯在指定楼层处应设置显示电梯位置的楼层显示器。

1. 消防电梯内呼和外呼的控制要求

(1) 消防电梯应配置动力驱动的水平滑动自动门。

(2) 如果层站呼梯控制系统出现故障（如短路），同时电梯处于消防员紧急服务状态，那么不应影响消防电梯的正常运行。

(3) 门重开装置应有效，门的开关仅由"开门"和"关门"按钮来控制。

2. 电源要求

(1) 对于设置备用供电系统的公共建筑或其他建筑，消防电梯的电源应连接至专用于该电梯的辅助电路,该电路应独立于其他主电路或辅助电路。当一台消防电梯是一组电梯中的一台时,其他电梯的供电可能来自同一电源,但消防电梯由单独的电源供电。因此,其他电梯的电源发生故障应不影响消防电梯的正常运行。

(2)敷设的电梯供电电缆应经过几乎没有火灾风险的区域。对于保护装置,区别对待很重要,目的是确保能给消防电梯持续供电。

3. 消防电梯开关

消防电梯开关应是拨动开关或者带两个按钮的开关,清晰地标有"ON(开)"和"OFF(关)",且这两个按钮应能互锁。禁止使用钥匙开关。消防电梯的开关应位于建筑物的指定楼层,且位于层门附近。消防电梯开关盒应与电梯门齐平,开关盒的高度不超过2.1 m。

(1)如上所述,在指定楼层和备选的指定楼层应各配置一个消防电梯开关。其中一个开关动作应使电梯转换为"消防员模式"。一旦其中一个消防电梯开关处于打开状态,另一个消防电梯开关应忽略响应。

(2)为了确保消防员完全控制消防电梯,操作消防电梯开关应该优先于轿内的呼梯按钮,消防电梯开关动作后电梯应立即返回指定楼层。

(3)消防电梯开关拨到"开"状态时,电梯就会从集中控制状态转换到非集中控制状态,这样可以避免消防员在操作消防电梯开关后,因集中控制操作而失去对电梯的控制。消防电梯开关拨到"关"时,电梯应自动转换到正常运行状态,此时消防电梯的运行状态为消防开关动作前的状态。这种特性可以使消防电梯开关复位,消防员可以重新操作它,把电梯从任何位置召唤到指定楼层,供消防员使用。

(4)消防电梯不仅供消防员使用,还供电梯乘客使用。

(5)消防电梯安装后应该通过验收测试。

4. 消防电梯运行

当打开消防电梯的开关时,消防电梯应按照以下要求运行:

(1)应与司机操作或群控系统断开。可供选择的办法是,对于由司机操作的自动电梯,应给司机一个听觉和视觉的关门信号,一旦关闭,电梯就会驶向指定楼层而不响应轿厢或层站按钮的召唤。消防电梯开关优先于所有控制开关,但是紧急开关、检修开关或其他安全电路的开关除外。

(2)如果电梯向与指定楼层相反的方向运行,那么会在下一个层站停止运行,在不打开门的情况下,再向指定楼层运行,且不响应轿厢或层站按钮的召唤。

(3)如果电梯向指定楼层方向运行,那么不响应轿厢或层站按钮的召唤而继续向指定楼层运行。

(4)如果电梯停在指定楼层以外的楼层,那么在不响应轿厢或层站按钮召唤的情况下关门并返回到指定楼层。

(5)电梯应当停靠在指定楼层且开门,同时自动切换到消防员紧急服务状态。

(6)在消防员紧急服务状态下,电梯按下列要求运行:

(i)只能通过连续按压关门或轿厢呼梯按钮,才能关闭动力驱动的门。如果在门达到完全关闭状态之前释放按钮,门应自动再次打开,且所有已经登记的轿厢呼梯信号都被取消,轿厢呼梯信号可重新登记。

(ii) 为了让消防员有权更改已经登记的呼梯信号,一旦登记一个新的呼梯信号,原来的呼梯信号可以取消。这种情况仅在新的呼梯信号登记时轿厢不在减速状态才会发生。当电梯到达登记的楼层时,电梯门应保持完全关闭状态。持续按压开门按钮应能打开动力驱动的门。如果在门达到完全打开状态之前就释放按钮,门应自动重新关闭。新的轿厢呼梯信号可重新登记。

(iii) 位于备选的指定楼层的消防电梯开关的动作类似于 SS 550:2009 中 13.2.2 和 13.2.1.6 的子条款,只是其中"指定楼层"换成"备选的指定楼层"。其中一个消防电梯开关处于"打开"状态,该开关动作优先。如果另一个消防电梯开关随后处于"打开"状态,那么该开关将不起作用。为了让电梯恢复正常运行,在指定楼层和备选的指定楼层的两个消防电梯开关均须处于"关闭"状态。

第三节 其他相关要求

一、光幕

轿门正在关闭时一旦有人跨入轿门,光幕作为门上的安全保护装置应能自动触发轿门并使其打开。光幕应满足以下要求:

(1) 光幕能检测到的障碍物范围应覆盖轿门地坎以上 25~1 600 mm。
(2) 检测到的障碍物的直径至少为 50 mm。
(3) 轿门关闭的最后 20 mm 行程可以不起作用。
(4) 如果配有障碍物近距离检测功能,光幕应能被触发动作。

二、视频监控

视频监控应满足以下要求:

(1) 具有持续存贮一周视频监控的容量。
(2) 垂直电梯能捕捉到轿厢、轿门和轿内地面,自动扶梯和自动人行道能捕捉到整个运行长度及出入口。
(3) 帧速率至少为 6 帧/秒。
(4) 视频监控的分辨率至少为 352×240 像素或者闭路电视的分辨率。
(5) 至少能存储 30 天。

三、自动扶梯梯级上冲功能

自动扶梯水平与弯曲轨道的切点处或者上下转向端应各设置梯级上冲开关或者滚轮导向装置,以防止梯级踢板向上移动超过 5 mm 或者限制其向上移动超过 5 mm。当梯级踢板向上移动超过 5 mm 时,梯级上冲开关动作并切断驱动主机的电源,梯级到达梳齿相交线之前自动扶梯即使在运行且负载不超过额定载重量的情况下制动器应动作,自动扶梯应停止运行。

第四章

新加坡电梯标准与我国电梯标准的差异

新加坡电梯标准与我国电梯标准的差异见表 4-1。

表 4-1 新加坡电梯标准与我国电梯标准的差异

序号	新加坡 SS 550:2009(含有 1 号和 2 号修改单)(以下简称 SS 550)		我国 GB 7588—2003(以下简称 GB 7588)		备注
	项目编号	项目内容	项目编号	项目内容	
1	3.1	除了电缆或者电梯必要的设备以外,别的装置均不能安装在电梯的井道内,且应遵守以下条款: (a) 为了保证移动电话功能的持续性,装于井道内的通信天线不应违反 EN 12015 和 EN 12016。信号强度、频率或传输功率超过设定值时,应进行大量的测试以确保该装置不被电梯设备干扰。井道内的这种天线应属于免维护型的,井道中应无电源开关或接头。 (b) 安全系统、对讲系统和媒体设备可以通过井道布线的方式连接到轿厢上。若配置无线设备,则应符合上述要求。			SS 550 对井道内与电梯无关的设备做出了详细规定,同时对电梯内使用的通信设备做出了详细规定,具有较强的操作性和应用性。 GB 7588 未对此做出规定。
2	3.2.1	井道安全门高应满足以下要求: (a) 该门宽至少为 0.76 m,高至少为 2 m(净开门)。 (b) 必须容易到达并且没有障碍物。 (c) 门应是水平滑动型或者可摆动的单扇型。 (d) 门应自动关闭、自动锁住,且应标有高度不小于 25 mm 的文字标识,标识为"危险,电梯井道"。	5.2.2.1.1	井道安全门的高度不得小于 1.80 m,宽度不得小于 0.35 m。	SS 550 对安全门提出自动关闭的要求,还对警示标识做出规定。 GB 7588 对井道安全门警示标识文字的高度未提出要求。

续表

序号	新加坡 SS 550:2009（含有1号和2号修改单）（以下简称 SS 550）		我国 GB 7588—2003（以下简称 GB 7588）		备注
	项目编号	项目内容	项目编号	项目内容	
3	3.2.3	相邻两个层门地坎之间的距离可能会超过 11 m，最大不超过 18 m 时，上一个层站应增设两个吊钩，吊钩应符合以下要求： (a) 每个吊钩应承受最小为 1 000 kg的载重量。 (b) 两个吊钩应位于井道外，且距离层门或井道安全门开口每边约 100 mm，距离该门的地坎不大于 1 m，离地面高度在 1.8 m 与 3.0 m 之间。 注：吊钩可以安装在层门（井道安全门）的拱腹上或者安装在天花板或层门（井道安全门）外侧的天花板的延伸部分，或跨过层门框，但应在正常运行期间不影响开门，这样系在上面并通到井道里的绳子就不会触碰到层门（井道安全门）顶部或侧面的任何部分。 (c) 吊钩厚度不应大于 14 mm，吊环直径至少应为 50 mm，以便钩住物体。 (d) 应在显著的位置用永久性的文字（如字高为 25 mm 的"救援吊钩"）标示吊钩的位置。			SS 550 对相邻两个层门地坎之间的距离超过 11 m 但不超过 18 m 的情况做出具体要求，对层门入口的吊钩承重和位置及尺寸做出规定。GB 7588 无此要求。
4	3.5	如果有入口通往电梯井道，且该入口配有可以自动关闭的门时，该入口的防火等级必须至少为井道壁防火等级的一半。若电梯井道壁需要防火 1 小时或者略少一点，则入口需要防火半小时。若电梯井道需要防火大于 1 小时但不大于 2 小时，则入口需要防火 1 小时。如果有通道通往电梯井道，且该通道的入口的门是需要手动关闭的，则该入口的防火等级不得小于井道壁所需要的防火等级。若电梯井道壁需要防火不到半小时，则入口需要防火半小时；若电梯井道需要防火大于半小时但小于 1 小时，则入口需要防火 1 小时。	7.2.2	如果建筑物需要电梯层门具有防火性能，层门按 GA 109 进行试验。	SS 550 对电梯层门、井道壁等耐火性能做出强制要求，而 GB 7588 未对此做出要求。

续表

序号	新加坡 SS 550:2009（含有 1 号和 2 号修改单）（以下简称 SS 550）		我国 GB 7588—2003（以下简称 GB 7588）		备注
	项目编号	项目内容	项目编号	项目内容	
5	3.7	电梯井道应做到不漏烟，滑动门与井道壁的间隙、中分门的两个门扇之间的间隙应尽可能小。			GB 7588 未对井道气密性做出规定。
6	3.11	井道应设置永久安装的电气照明装置，即使在所有的门都关闭的情况下，距离轿顶中心或者底坑地面中心 1 m 以上的高度处照度应至少为 15 lx。对于部分封闭的玻璃井道壁，如果隔壁井道的电气照明照度足够，对井道的照度不做此要求。井道照明装置的开关应设置在电梯机房里（或设置在紧急检修面板上。如果是无机房电梯，则设置在最高层入口或层站处），以及最底层电梯入口或层站处。	5.9	井道应设置永久性的电气照明装置，即使在所有的门都关闭时，在轿顶面以上和底坑地面以上 1 m 处的照度均至少为 50 lx。照明装置应这样设置：距井道最高点和最低点 0.50 m 以内各装设一盏灯，再设中间灯。对于部分封闭井道，如果井道附近有足够的电气照明，井道内可不设照明装置。	GB 7588 对井道照明做出具体要求，而 SS 550 仅对轿顶和底坑照度做出要求。
7	3.12.1	当底坑的底部与最底层站的距离超过 1 m 时，并且没有别的通道可以撤离时，必须在里面永久安装一个爬梯，且人在最低层站可以触及。底坑爬梯或者梯子的扶手必须延伸到超出最底层站向上 1.5 m，以便人能安全进入底坑。当同一个底坑里面有不止一个电梯在运行时，每台电梯都应安装爬梯。	5.7.3.2	如果没有其他通道，为了便于检修人员安全地进入底坑，应在底坑内设置一个从层门进入底坑的永久性装置，此装置不得凸入电梯运行的空间。	SS 550 对底坑爬梯做出量化要求，具有更强的操作性。GB 7588 未对底坑爬梯做出量化要求。
8	3.12.3	在电梯设备安装之前，应采用储藏槽、膜或者其他有效的措施来使底坑防水。如果有必要，必须设置一个带盖的水坑。水坑的盖子应是防滑型的，并且不会轻易移动。该水坑不能与附近的任何封闭的排水系统有关联，但是可以通往该水坑下面的一个终端开放的排水装置，以防止它被淹没。当需要使用水泵时，水泵应安装于电梯井道外。水泵与电梯井道应该进行有效的分离，同时应有独立的维护电梯的入口。任何外部水池的水应确保不会回流到电梯的井道里。排水不能回流到底坑里。注：水泵不应依靠阀门或者吸水管触发器。	5.7.3.1	井道下部应设置底坑，除缓冲器座、导轨座以及排水装置外，底坑的底部应光滑平整，底坑不得作为积水坑使用。在导轨、缓冲器、栅栏等安装竣工后，底坑不得漏水或渗水。	SS 550 允许底坑设置积水坑，而 GB 7588 不允许设置，同时 SS 550 对底坑水泵排水做出具体要求。

续表

序号	新加坡 SS 550:2009(含有1号和2号修改单)(以下简称 SS 550)		我国 GB 7588—2003(以下简称 GB 7588)		备注
	项目编号	项目内容	项目编号	项目内容	
9	3.12.4	没有延伸到地面的井道底坑应是防火结构,其防火等级至少为井道壁所要求的等级。			SS 550 对井道底坑做出防火要求。GB 7588 未对此做出要求。
10	3.12.6	当电梯的相邻底坑在水平高度上存在差异时,应设置一堵非承重墙或者一块金属丝网屏障以隔离多个底坑,并且从较高的电梯底坑水平面起测量,该墙或屏障高度不能小于 1 m。	5.6.2	在装有多台电梯的井道中,不同电梯的运动部件之间应设置隔障。如果这种隔障是网孔型的,则应该遵循 GB 12265.1—1997 中 4.5.1 的规定。这种隔障应至少从轿厢、对重(或平衡重)行程的最低点延伸到最低层站楼面以上 2.5 m 的高度。宽度应能防止人员从一个底坑通往另一个底坑。	GB 7588 对两台或多台电梯位于同一井道内的隔障做出详细规定,最大程度防止人员从一台电梯的底坑随意进入另一台电梯的底坑。
11	4.2.1	如果地面与最终通往机器空间的通道的高度有差异,应装设一个在任何情况下都能保证安全的楼梯,且该楼梯不需要通过私人建筑。特殊情况下,如果不好装设普通楼梯,则可以装设一种永久性的"船梯",该"船梯"与水平面构成的倾斜角不超过60°,仅可以给一个平台或层站服务,其高度不超过4 m;其踏板应防滑,宽度至少为 0.43 m,深度至少为 0.13 m,踏板间隔不超过0.305 m。其设计的最小承重载荷为 1.5 kN,两边扶手高于踏板前缘约 0.9 m。	6.2.2	应提供人员进入机房和滑轮间的安全通道。应优先考虑全部使用楼梯,如果不能用楼梯,可以使用符合下列条件的梯子:(a)通往机房和滑轮间的通道不应高出楼梯所到平面 4 m。(b)梯子应牢固地固定在通道上,不能被移动。(c)梯子高度超过 1.5 m 时,其与水平方向的夹角应在 65°~75°,并不易滑动或翻转。	

续表

序号	新加坡 SS 550:2009(含有 1 号和 2 号修改单)(以下简称 SS 550)		我国 GB 7588—2003(以下简称 GB 7588)		备注
	项目编号	项目内容	项目编号	项目内容	
				(d) 梯子的净宽度不应小于 0.35 m,其踏板深度不应小于 25 mm。对于垂直设置的梯子,踏板与梯子后面墙的距离不应小于 0.15 m。踏板的设计载荷应为 1 500 N。(e) 靠近梯子顶端,至少应设置一个容易握到的把手。(f) 梯子周围1.5 m的水平距离内,应能防止来自梯子上方的坠落物。	SS 550 对梯子的宽度和深度要求更高,并对控制进入私人空间提出具体要求。
12	4.2.2	通道入口宽度至少为 1 m,净高为 2 m,机房门和检修门上警示标识的文字高度应不低于 25 mm。	6.3.3.1	通道门的宽度不应小于 0.6 m,高度不应小于 1.8 m,且门不得向房内开启。	SS 550 对通道入口的尺寸要求更高。
13	4.4.2	地面应由与建筑物地面等同的防火材料建成,机房与机器空间地面在水平高度上的差异应尽可能避免。当该地面的水平高度差异超过 0.38 m 时,在较高平面的边缘上应设置一个高度至少为1.1 m的标准护栏,同时在水平高度存在差异的地方,必须有楼梯或者爬梯。	6.3.2.4	机房地面高度不一且相差大于 0.5 m 时,应设置楼梯或台阶,并设置护栏。	GB 7588 未对机房地面防火要求做出规定。SS 550 对其做出具体要求,同时,对于机房地面高度差达到一定距离时,SS 550 对护栏的要求更高。

续表

序号	新加坡 SS 550:2009（含有1号和2号修改单）(以下简称 SS 550)		我国 GB 7588—2003（以下简称 GB 7588）		备注
	项目编号	项目内容	项目编号	项目内容	
14	4.4.5	在机房里，墙边与机器边应保留至少 0.45 m 的距离，以便相关人员能自由进入主机所有部件和其他设备的附近区域，对其检查、维护和拆除等。但在控制柜的前方应保留 0.6 m 的距离，如果从控制柜的后方进行操作的话，控制柜后面同样需要保留 0.6 m 的距离。当配备次机房时，同样需要提供 0.45 m 的距离。	6.3.2.1	机房内应有足够的尺寸，以允许人员安全且相对容易地对有关设备进行作业，尤其是对电气设备的作业。工作区域的净高不应小于 2 m，且在控制屏和控制柜前有一块净空面积，其深度从屏、柜的外表面测量时不小于 0.7 m，其宽度为 0.5 m 或屏、柜的全宽，取两者中的较大者。为了对运动部件进行维修和检查，在必要的地点以及需要人工紧急操作的地方（见 12.5.1），要有一块不小于 0.5 m×0.6 m 的水平净空面积。	SS 550 对墙壁与机器之间的距离提出具体要求，电梯检验现场确实也存在某个机器与墙壁之间的距离过小，导致限速器在校验的时候校验仪器无法使用，对电梯的检查和检验带来一定难度，并对主机所有部件和其他设备的检查、维护和拆除等操作带来难度。以后我国标准在修订的时候可以参考新加坡的标准，以保证机房内相关操作有足够的空间。
15	4.4.6	机房内在主机与其他设备的上方应保留一个至少为 0.5 m 的垂直净空高度，以方便抬起机器的每一部分，从而便于安装或拆除作业。主机越大，该垂直距离应该越大。	6.3.2.2	电梯驱动主机旋转部件的上方应有不小于 0.3 m 的垂直净空高度。	SS 550 考虑到机器的安装、拆除等作业，对机器垂直净空高度的要求较高。
16	4.4.6	机房地面以上的顶部空间应不小于 2.1 m。当配备次机房时，最小高度为 1.5 m。	6.3.2.3	供活动的净空高度不应小于 1.8 m。	SS 550 对机房顶部空间的要求更高。
17	4.4.8	每个机房应配置自然或者机械通风装置，以确保在距离主机及其相关设备 1 m 的范围内任意一点的温度不超过 38℃。对于自然通风的情况，20% 的地面面积推荐空气对流。当周围的温度超过 32℃ 时，推荐使用机械通风装置。	6.3.5	机房内应有适当的通风，同时必须考虑到井道通过机房通风。从建筑物其他处抽出的陈腐空气不得直接排入机房内。应保护诸如电机、设备以及电缆等，使它们尽可能不受灰尘、有害气体和湿气的损害。	SS 550 对机房通风的要求较为具体，操作性更强。同时，根据实际情况对距离机器设备 1 m 范围内的温度提出具体要求。

续表

序号	新加坡 SS 550:2009（含有 1 号和 2 号修改单）（以下简称 SS 550）		我国 GB 7588—2003（以下简称 GB 7588）		备注
	项目编号	项目内容	项目编号	项目内容	
18	4.5.1	井道内的工作区域应足够大，以保证相关人员可以安全方便地对设备进行操作。该区域净空高度应至少为 2 m（从突出部位开始测量），水平净面积应至少为 0.5 m（宽）×0.6 m（深）。和控制柜一样，此空间是为了保证对运动部件进行检查和保养的工作区域。宽度应延伸到控制柜的整个宽度，最终宽度取上述两者中的较大值。如果在井道内对机器实施保养操作，那么可能在轿内、轿顶、底坑或者一个平台上来实施，但应符合以下要求： (a) 配置电气安全装置以验证其是否收缩到位。 (b) 任何位置应可以承受两个人的重量而无永久变形，每人按 0.2 m×0.2 m 的面积范围内 1 000 N 的力来计算。 (c) 配置安全护栏。 (d) 配置手动或电动操作装置（位于井道外或者底坑内），用于降低平台或者收回平台。 平台上的保养工作仅在以下条件下实施： (a) 驱动是静态的，如使用符合上述要求的插销。 (b) 轿厢的行程受阻拦装置限制，这样轿厢可以在平台上方或下方停止运行，并按照 4.5.1.1 的要求提供工作区域。 如果在保养电梯期间存在轿厢意外移动的风险，那么应该通过机械装置来阻止轿厢移动。如果该机械装置在操作区域内，那么须配置电气安全连锁装置。 当轿厢位于锁定位置时，在工作区域必须设置一个安全出口供人员安全方便地撤离。一旦出现紧急情况，锁住的轿厢不能对逃生通道造成阻碍，如在失火情况下断电。轿内检修门（该门不应向井道内开开）应配有供钥匙操作的锁，在没有钥匙的情况下可以锁门和关门。一个电气安全装置应能验证检修门是否关闭。			SS 550 对井道内用于检查和保养的工作区域做出详细规定，对保护人员安全具有重要作用。GB 7588 未对井道内的工作区域做出规定。

续表

序号	新加坡 SS 550:2009(含有1号和2号修改单)（以下简称 SS 550）		我国 GB 7588—2003（以下简称 GB 7588）		备注
	项目编号	项目内容	项目编号	项目内容	
19	4.5.2	应对井道内机器空间进行通风，以确保在距离机器及其相关设备1 m范围内任意一点的温度不超过38℃。当周围的温度超过32℃时，推荐使用机械通风装置。	6.4.6	如果滑轮间有霜冻和结冰的危险，应采取预防措施以保护设备。如果滑轮间设有电气设备，环境温度与机房的要求相同。	SS 550 对井道内机器设备的温度提出具体要求。GB 7588 未对井道内机器设备的温度做出规定。
20	4.5.5.2	紧急检修盒应设置声音或视频装置，或者设置一个可以直接观察电梯主机或其他电梯设备的开口，这样可以获知以下信息： (a) 轿厢进入开锁区域。 (b) 轿厢的速度可以自动限制在 0.75 m/s 以下，可直接看见电梯主机的情况除外。	14.2.1.4	对于依靠人力提升装有额定载重量的轿厢所需力大于400N 的电梯驱动主机，其机房内应设置一个符合 14.1.2 的紧急电动运行开关。电梯驱动主机应由正常的电源供电或由备用电源供电（如有）。 同时也应满足下列条件： 紧急电动运行开关及其操纵按钮应设置在使用时易于直接观察电梯驱动主机的地方；轿厢速度不应大于 0.63 m/s。	SS 550 对观察电梯位置做出具体要求，观察电梯位置的方式多种多样。
21	5.1	关门时，门扇之间的间隙、门扇与门套、门楣或地坎之间的间隙应尽可能小，不能超过 6 mm。磨损时这个值可以达到 10 mm。如果有凹进的地方，那么测量从背面的凹进地方测量。	7.1	对于乘客电梯，运动间隙不得大于 6 mm；对于载货电梯，此间隙不得大于 8 mm。	SS 550 对电梯门间隙要求相对宽松。

续表

序号	新加坡 SS 550:2009（含有1号和2号修改单）（以下简称 SS 550）		我国 GB 7588—2003（以下简称 GB 7588）		备注
	项目编号	项目内容	项目编号	项目内容	
22	5.3	如果门扇是玻璃的或者部分是玻璃的，那么玻璃应是符合 SS 341 的安全夹层玻璃、安全夹丝玻璃、安全钢化玻璃或者安全强化玻璃。使用的玻璃最小厚度为 10 mm，但玻璃只作为门的一小部分的情况除外，玻璃开口应可以阻挡直径为 150 mm 的球体通过，且面积最大为 0.28 m^2，但玻璃厚度不能小于 6 mm。玻璃框架应由非易燃材料制成，最好是金属材料。玻璃框架的厚度应确保玻璃凹槽不超过 2.5 mm。除了 5.2 规定的关于门扇金属材质的机械强度外，如果门扇的玻璃开口不可以阻挡直径为 150 mm 的球体通过，带有附属装置的整个门扇的玻璃须满足等级 A 的性能要求，其冲击试验应符合 SS 341 的性能要求。层门作为井道的一部分，应符合 3.5 的防火要求。对于防火层门采用玻璃的情况，玻璃厚度至少应为 10 mm。当受热时该玻璃应自动变得不透明，每个入口的玻璃所构成的最大开口部分小于 0.06 m^2 的除外。注：当层门暴露于室外时，建筑物在设计上应该采取一定的保护措施以避免雨水积聚。开门应直接排水，层站应能直接挡风。	7.2.3	如建筑物需要电梯层门具有防火性能，该层门应按 GA 109 进行试验。 7.2.3.3 玻璃门扇的固定方式应能承受本标准规定的作用力，而不损伤玻璃的固定件。 玻璃尺寸大于 7.6.2 所述的玻璃门，应使用夹层玻璃，且按附录 J（标准的附录）表 J2 选用或能承受附录 J 所述的冲击摆试验。试验后，门的安全功能应不受影响。 7.2.3.4 玻璃门的固定件，即使在玻璃下沉的情况下，也应保证玻璃不会滑出。 7.2.3.5 玻璃门扇上应有永久性的标记： （a）供应商名称或商标。 （b）玻璃的型式。 （c）厚度[如(8+0.76+8)mm]。 7.2.3.6 为避免拖曳孩子的手，对于动力驱动的自动水平滑动的玻璃门，若玻璃尺寸大于 7.6.2 的规定，应采取使危险减至最小的措施。例如： （a）减少手和玻璃之间的摩擦系数。 （b）使玻璃不透明部分高度达 1.1 m。 （c）感知手指的出现。 （d）其他等效的方法。	SS 550 对电梯层门的防火性能做出明确的要求，GB 7588 未对层门防火做出强制要求。SS 550 还对层门暴露于室外时的防水提出要求。

续表

序号	新加坡 SS 550:2009(含有1号和2号修改单)（以下简称 SS 550）		我国 GB 7588—2003（以下简称 GB 7588）		备注
	项目编号	项目内容	项目编号	项目内容	
23	6.1.1	安全系数不小于5的轿架与轿底平台组件的挠度取决于加在其上的静载荷,且不能大于下列值： (a) 对于上梁：跨距的1/1 000。 (b) 对于轿底：跨距的1/1 000。 (c) 对于轿底平台组件：跨距的1/1 000。			GB 7588 未对轿壁挠度做出要求。
24	6.1.1.1	轿顶出口和悬挂式吊顶开口都必须如此布置以便提供一个通道,轿厢内或者轿顶安装的设备不能阻挡该通道；须防止轿顶开口下面的悬挂式吊顶的可移动部件坠落。如果该出口允许有一个与轿顶出口一样的无障碍开口,该开口必须向上或者向下铰接。			GB 7588 未对安全窗的进出障碍物做出具体要求。
25	6.1.2.1	轿壁材料应该是金属的,或者是符合 BS 476 中第4部分的非易燃材料,禁止用塑料制成轿壁。	8.3.3	轿壁、轿厢地板和顶板不得用易燃或由于可能产生有害或大量气体和烟雾而造成危险的材料制成。	SS 550 对轿壁的防火材料要求更详细。
26	6.1.2.2	玻璃的固定装置应确保玻璃即使下沉也不应滑出,玻璃轿壁的最低边缘应装于轿厢地面以上至少 100 mm 的位置。			GB 7588 未对玻璃轿壁的固定做出量化要求。
27	6.1.2.3	轿壁的饰面材料应至少具备表面火焰蔓延 Class 1 等级(参考《建筑物火灾预警操作规范》中关于等级划分的部分)。固定在具有非易燃特性的底面上且厚度不超过 1 mm 的轿壁饰面不适用于表面火焰蔓延的要求。塑料不应作为饰面的材料。			GB 7588 未对饰面材料的表面火焰蔓延做出具体要求。

续表

序号	新加坡 SS 550:2009(含有1号和2号修改单)(以下简称 SS 550)		我国 GB 7588—2003(以下简称 GB 7588)		备注
	项目编号	项目内容	项目编号	项目内容	
28	6.1.2.5	轿厢应配置排风扇。排风扇应可以从轿内抽取不新鲜的空气。排风扇的换气速度为每小时更换轿内空气20次。对于使用空调的情况,该换气速度不适用。但应采取措施确保空调风扇或单独的风扇在断电情况下由应急电源供电。			GB 7588 未要求设置排风扇。新加坡天气相对我国偏热,因其天气因素,SS 550 单独提出了关于排风扇的要求。乘客长时间待在封闭轿厢会感觉闷热,SS 550 还对排风扇的换气频率及供电提出具体要求。
29	6.1.3	货梯轿壁应该无孔且是由金属材质制成的,其高度至少为轿底平面以上1.8 m,对于1.8 m以上的轿壁,可以做成开孔的金属结构。轿壁上的开孔应不能通过直径为40 mm 的球体。	8.1 8.16.3	轿厢内部净高度不应小于2 m。使用人员正常出入轿厢入口的净高度不应小于2 m。无孔门轿厢应在其上部及下部设通风孔。通风孔应这样设置:用一根直径为10 mm 的坚硬直棒不可能从轿厢内经通风孔穿过轿壁。	SS 550 对货梯轿壁的高度、开孔位置和开孔大小做出规定。GB 7588 仅要求轿厢上部及下部设通风孔。两个标准对通风孔的尺寸要求差异较大。
30	6.2.1.4	玻璃框架应由非易燃材料制成,最好是金属材料,框架厚度应确保玻璃凹槽不超过2.5 mm。			SS 550 对玻璃轿门框架的防火性能提出要求,对玻璃框架的设计提出具体要求。GB 7588 未对轿门的玻璃框架做出要求。

续表

序号	新加坡 SS 550:2009(含有1号和2号修改单)(以下简称 SS 550)		我国 GB 7588—2003(以下简称 GB 7588)		备注
	项目编号	项目内容	项目编号	项目内容	
31	6.2.1.5.2	电梯门关闭时如果无其他人或物进入门口,电梯应保持停止运行,直到层门关闭且层门之间间隙在10 mm 以内,轿门间隙在12 mm 以内。对于旁开门,该尺寸为门与门框之间的间隙。	7.7.2.2 8.6.2	除必要的间隙外,轿门关闭后应将轿厢的入口完全封闭。 在下列区域内,允许开门运行: (a) 在开锁区域内,在符合门开着情况下的平层和再平层控制的条件下,允许在相应的楼层高度处进行平层和再平层。 (b) 在满足8.4.3、8.14 和对接操作要求的条件下,允许在层站楼面以上延伸到高度不大于1.65 m 的区域内进行轿厢的装卸货物操作,此外: (1) 层门的上门框与轿厢地面之间的净高度在任何位置时均不得小于2 m; (2) 无论轿厢在此区域内的任何位置,必须有可能不经专门的操作使层门完全闭合。	SS 550 对对接操作无具体要求。
32	6.3.2	灯泡或者灯管作为轿厢照明装置应加以防护,以防止当灯泡或者灯管损坏时对乘客造成伤害。			SS 550 对轿厢内部的照明装置提出安全要求,GB 7588 未对此做出要求。

续表

序号	新加坡 SS 550:2009（含有 1 号和 2 号修改单）（以下简称 SS 550）		我国 GB 7588—2003（以下简称 GB 7588）		备注
	项目编号	项目内容	项目编号	项目内容	
33	6.3.3	对于人比较容易触及照明装置的面板、灯管或者灯泡的情况，应该采取措施防止其接近活动部件。			SS 550 对轿厢内部照明装置的人员可接近性防护提出要求，GB 7588 未对此做出要求。
34	7.1	对重和辅助平衡块应固定在构架上或者成型金属架上，构架和金属架安全系数不能低于 5，同时在整个跨度内挠度不能大于 1/1 000。			SS 550 对对重构架和金属架提出安全系数和挠度要求，GB 7588 未对此做出要求。
35	8.1.1.3	用于悬挂轿厢和对重的钢丝绳数量不应少于三根。	9.1.3 9.2.2	钢丝绳或链条最少应有两根，每根钢丝绳或链条应是独立的。 在任何情况下，悬挂钢丝绳安全系数不应小于下列值： (a) 对于用三根或三根以上钢丝绳的曳引驱动电梯，安全系数为 12。 (b) 对于用两根钢丝绳的曳引驱动电梯，安全系数为 16； (c) 对于卷筒驱动电梯，安全系数为 12。	SS 550 要求悬挂钢丝绳至少有三根，GB 7588 仅要求两根。
36	8.1.1.5	一个标有钢丝绳数量、尺寸和最终张力强度的标识应永久地安装于上梁。			SS 550 对钢丝绳的原有信息具有可追溯性，避免因后期随意更换不合规的钢丝绳而产生安全隐患，GB 7588 未对此做出要求。

续表

序号	新加坡 SS 550:2009(含有1号和2号修改单)(以下简称 SS 550)		我国 GB 7588—2003(以下简称 GB 7588)		备注
	项目编号	项目内容	项目编号	项目内容	
37	8.1.1.7	对于所有电梯,轿厢和对重的钢丝绳基于最大静载荷计算出的安全系数不应小于12,安全系数的计算用下面的公式:$$f=\frac{S\times N}{W}$$其中:S 为制造商规定的一根钢丝绳的破断拉力;N 为承载的钢丝绳的运行数量;W 为作用在所有轿厢钢丝绳上的最大静载荷,最大静载荷包括轿厢在井道任何位置的自重和额定载重量。若曳引比为: 1:1,则 N = 所使用的钢丝绳数量; 2:1,则 N = 所使用的钢丝绳数量的2倍; 3:1,则 N = 所使用的钢丝绳数量的3倍。	9.2.2	悬挂绳的安全系数应按附录 N(标准的附录)计算。在任何情况下,其安全系数不应小于下列值: (a) 对于用三根或三根以上钢丝绳的曳引驱动电梯,安全系数为12。 (b) 对于用两根钢丝绳的曳引驱动电梯,安全系数为16。 (c) 对于卷筒驱动电梯,安全系数为12。 安全系数是指装有额定载荷的轿厢停靠在最低层站时,一根钢丝绳的最小破断负荷(N)与这根钢丝绳所受的最大力(N)之间的比值。	SS 550 与 GB 7588 对钢丝绳安全系数的要求不同。SS 550 对钢丝绳安全系数的要求与其破断拉力、钢丝绳数量和最大静载荷有关。
38	8.2.3	轿厢和对重安全钳应由限速器触发动作,轿厢安全钳应配置一个由安全钳触发的安全开关和能同时切断驱动电梯运行的电机电路。安全钳开关不应自动复位。	9.8.8	当轿厢安全钳作用时,装在轿厢上面的一个符合 14.1.2 要求的电气装置应在安全钳动作以前或同时使电梯驱动主机停转。	SS 550 强制要求安全钳的电气开关为非自动复位。而 GB 7588 未对其复位类型做出具体要求。
39	8.2.4.2	渐进式安全钳的最大和最小制停距离在 SS 550 中做出具体规定。 | 额定速度/(m/s)	限速器最大动作速度/(m/s)	制停距离/m	
		最小	最大
0~0.65	0.90	0.03	0.38
0.75	1.07	0.05	0.41
0.90	1.26	0.08	0.48
1.00	1.40	0.10	0.56
1.15	1.56	0.13	0.61
1.25	1.71	0.15	0.69
1.50	2.00	0.20	0.84
1.75	2.30	0.25	1.02
2.00	2.60	0.33	1.22
2.25	2.80	0.43	1.47
2.50	3.16	0.51	1.73
3.00	3.76	0.71	2.31				SS 550 对安全钳的制动距离做出量化要求,这给施工和检验检测提供了技术参数的支撑。GB 7588 未对安全钳的制动距离做出量化要求。我国可以借鉴新加坡的要求,指导电梯施工和检验检测,强化对安全钳动作制停距离的要求。

续表

序号	新加坡 SS 550:2009(含有1号和2号修改单)（以下简称 SS 550）		我国 GB 7588—2003（以下简称 GB 7588）		备注
	项目编号	项目内容	项目编号	项目内容	
		续表 | 额定速度/(m/s)	限速器最大动作速度/(m/s)	制停距离/m 最小 最大 | | --- | --- | --- | | 3.50 | 4.34 | 0.97　3.00 | | 4.00 | 4.93 | 1.24　3.81 | | 4.60 | 5.51 | 1.55　4.65 | | 5.00 | 6.10 | 1.91　5.64 | | 5.50 | 6.71 | 2.29　6.81 | | 6.00 | 7.32 | 2.72　8.03 | | 6.50 | 7.93 | 3.29　9.42 | | 7.00 | 8.54 | 3.71　10.85 | | 7.50 | 9.15 | 4.27　12.45 | | 8.00 | 9.76 | 4.85　14.10 | | 8.50 | 10.37 | 5.46　15.90 | | 9.00 | 10.98 | 6.12　17.78 | | 9.50 | 11.59 | 6.83　19.78 | | 10.00 | 12.20 | 7.57　21.90 |			
40	8.2.4.3	速度不大于 0.75 m/s 时，可以采用瞬时式安全钳；速度大于 0.75 m/s 时，应采用渐进式安全钳。	9.8.2.1	若电梯额定速度大于 0.63 m/s，轿厢应采用渐进式安全钳。若电梯额定速度小于或等于 0.63 m/s，轿厢可采用瞬时式安全钳。	SS 550 与 GB 7588 对瞬时式安全钳和渐进式安全钳的速度要求不尽相同。
41	9.2.1	对于额定速度大于 0.25 m/s 的电梯，蓄能或耗能型缓冲器应安装在轿厢或对重的下方。	10.3.3	蓄能型缓冲器（包括线性和非线性）只能用于额定速度小于或等于 1 m/s 的电梯。	SS 550 与 GB 7588 对各种缓冲器适用的速度不同。
42	9.2.5	蓄能型缓冲器的行程应等于或大于下列数值： | 额定速度/(m/s) | 行程/mm | | --- | --- | | 不大于 0.50 | 40 | | 0.51~0.75 | 65 | | 0.76~1.00 | 100 |	10.4.1.2.2	非线性缓冲器的"完全压缩"指被压缩掉 90%的高度。	SS 550 对蓄能型缓冲器的行程提出量化要求。
43	9.3.3	端站越程限位开关应符合以下要求： (a) 安装在轿厢上或井道中，具有完全封闭的壳体。 (b) 动作凸轮应是金属材质。 (c) 通过机械方式可以直接断开开关触点。			SS 550 对端站越程限位开关的防护、材料和形式做出具体要求。GB 7588 未对此做出具体要求。

续表

序号	新加坡 SS 550:2009(含有1号和2号修改单)(以下简称 SS 550)		我国 GB 7588—2003(以下简称 GB 7588)		备注
	项目编号	项目内容	项目编号	项目内容	
44	9.3.5	轿顶操作装置以不大于 0.75 m/s 的速度操作电梯运行。	14.2.1.3	轿顶操作装置以不大于 0.63 m/s 的速度操作电梯运行。	SS 550 与 GB 7588 对检修速度要求不同。
45	9.3.5	轿顶操作装置只能控制轿厢而不能控制电动门运行装置。			GB 7588 未对轿顶操作装置做出具体要求。
46	10.1.1	当轿厢完全压缩缓冲器时,底坑地面与轿厢最低结构、机械部件、装于轿厢下部的装置或设备之间的垂直距离不应小于 0.6 m,导靴或滚轮、安全钳附件和轿厢护脚板、防护装置及其他设备除外。当轿厢完全压缩缓冲器时,轿厢部件及轿厢上任何设备不应撞击底坑或底坑部件的任何部分。	5.7.3.3	当轿厢完全压在缓冲器上时,应同时满足下面三个条件: (a)底坑中应有足够的空间,该空间的大小以能容纳一个不小于 0.5 m × 0.6 m × 1.0 m 的长方体为准,任一平面朝下放置即可。 (b)底坑底和轿厢最低部件之间的自由垂直距离不小于 0.5 m,下述部件之间的水平距离在 0.15 m 内时,这个距离可最多减少到 0.1 m。 (i)垂直滑动门的部件、护脚板和相邻的井道壁; (ii)轿厢最低部件和导轨。 (c)底坑中固定的最高部件,如补偿绳张紧装置位于最高位置时,其和轿厢最低部件之间的自由垂直距离不应小于 0.3 m,上述(b)(i)和(b)(ii)除外。 曳引驱动电梯的顶部间距应满足下列要求,见附录 K(标准的附录)图解。	当轿厢完全压缩缓冲器时,GB 7588 比 SS 550 的要求更具体,但底坑底和轿厢最低部件之间的自由垂直距离 SS 550 的要求更高。

续表

序号	新加坡 SS 550:2009（含有1号和2号修改单）（以下简称 SS 550）		我国 GB 7588—2003（以下简称 GB 7588）		备注
	项目编号	项目内容	项目编号	项目内容	
47	10.1.2	轿顶间距应不小于下列数值之和： (a) 底部对重越程。 (b) 对重缓冲器的行程。 (c) 0.6 m 或者装于轿厢上梁或其内部的反绳轮或其他设备投影到轿厢上梁顶部的距离，取两者中的较大值。 (d) 对重压缩缓冲器时，如果没有规定如何防止轿厢抖动，则增加下列数值： (i) 自由落体时制动距离的一半，这是基于115%的额定速度； (ii) 对重缓冲器行程的一半（采用符合 9.2.6 要求的减行程缓冲器）。	5.7.1	5.7.1.1 当对重完全压在缓冲器上时，应同时满足下列四个条件： (a) 轿厢导轨长度应能提供不小于 $0.1+0.035v^2$(m) 的进一步制导行程； (b) 符合 8.13.2 尺寸要求的轿顶最高处面积的水平面[不包括 5.7.1.1(c)]所述的部件面积，与位于轿厢投影部分井道顶最低部件的水平面（包括梁和固定在井道顶下的零部件）之间的自由垂直距离不应小于 $1.0+0.035v^2$(m)； (c) 井道顶的最低部件与： (i) 固定在轿厢顶上的设备的最高部件之间的自由垂直距离[不包括下面(ii)]所述及的部件，不应小于 $0.3+0.035v^2$(m)。 (ii) 导靴或滚轮、曳引绳附件和垂直滑动门的横梁或部件的最高部分之间的自由垂直距离不应小于 $0.1+0.035v^2$(m)。 (d) 轿厢上方应有足够的空间，该空间的大小以能容纳一个不小于 0.5 m×0.6 m×0.8 m 的长方体为准，任一平面朝下放置即可。	

续表

序号	新加坡 SS 550:2009(含有 1 号和 2 号修改单)(以下简称 SS 550)		我国 GB 7588—2003(以下简称 GB 7588)		备注
	项目编号	项目内容	项目编号	项目内容	
				对于用曳引绳直接系住的电梯,只要每根曳引绳中心线距长方体的一个垂直面(至少一个)的距离均不大于 0.15 m,则悬挂曳引绳和它的附件可以包括在这个空间内。 5.7.1.2 当轿厢完全压在它的缓冲器上时,对重导轨长度应能提供不小于 $0.1+0.035v^2$(m)的进一步制导行程。 5.7.1.3 当电梯驱动主机的减速是按照 12.8 的规定被监控时,5.7.1.1 和 5.7.1.2 中用于计算行程的 $0.035v^2$ 的值可按下述情况减少: (a) 电梯额定速度小于或等于 4 m/s 时,可减少到 1/2,且不应小于 0.25 m; (b) 电梯额定速度大于 4 m/s 时,可减少到 1/3,且不应小于 0.28 m。 5.7.1.4 对具有补偿绳并带补偿绳张紧轮及防跳装置(制动或锁闭装置)的电梯,计算间距时,$0.035v^2$ 这个值可用张紧轮可能的移动量(随使用的绕法而定)再加上轿厢行程的 1/500 来代替。考虑到钢丝绳的弹性,替代的最小值为 0.2 m。	当对重完全压缩缓冲器时,GB 7588 比 SS 550 的要求更具体。

续表

序号	新加坡 SS 550:2009(含有1号和2号修改单)（以下简称 SS 550）		我国 GB 7588—2003（以下简称 GB 7588）		备注
	项目编号	项目内容	项目编号	项目内容	
48	10.1.3	当对重完全压缩缓冲器时,对重部件或设备不应撞击底坑任何部件或者其他设备,底坑内对重缓冲器除外。			当对重完全压缩缓冲器时,SS 550 对轿厢接触相关部件或设备提出要求。GB 7588 未对此做出具体要求。
49	10.1.4	对重顶部间距应不小于以下值之和： (a) 轿底越程。 (b) 轿厢缓冲器的行程。 (c) 0.15 m。 (d) 轿厢压缩缓冲器时,如果没有规定如何防止对重抖动,则增加下列数值： (i) 自由落体时制动距离的一半,这是基于115%的额定速度； (ii) 轿厢缓冲器行程的一半(采用符合9.2.6要求的减行程缓冲器)。	5.7.2.2	当轿厢完全压在缓冲器上时,应同时满足下面三个条件： (a) 符合8.13.2尺寸要求的轿顶最高处面积的水平面[不包括5.7.2.2(b)述及的部件面积],与位于轿厢投影部分的井道顶最低部件的水平面(包括梁和固定在井道顶下的零部件)之间的自由垂直距离不应小于1 m。 (b) 井道顶的最低部件与： (i) 固定在轿厢顶上的设备的最高部件之间的自由垂直距离[不包括下面(ii)]所述及的部件,不应小于0.3 m； (ii) 导靴或滚轮、曳引绳附件和垂直滑动门的横梁或部件的最高部分之间的自由垂直距离不应小于0.1 m。 (c) 轿厢上方应有足够的空间,该空间的大小以能容纳一个不小于0.5 m×0.6 m×0.8 m的长方体为准,任一	

续表

序号	新加坡 SS 550:2009(含有 1 号和 2 号修改单)(以下简称 SS 550)		我国 GB 7588—2003(以下简称 GB 7588)		备注
	项目编号	项目内容	项目编号	项目内容	
				平面朝下放置即可。对于用钢丝绳、链直接系住的电梯,只要每根钢丝绳或链的中心线距长方体的一个垂直面(至少一个)的距离均不大于 0.15 m,则悬挂钢丝绳或链及其附件可以包括在这个空间内。	当轿厢完全压缩缓冲器时,GB 7588 比 SS 550 的要求更具体。
50	10.1.6	轿厢和对重底部越程应不小于下列值: (a) 如采用耗能型缓冲器,为0.15 m。 (b) 如采用蓄能型缓冲器,不小于以下值:额定速度不超过 0.5 m/s 时,最小越程为 0.05 m;额定速度大于 0.5 m/s 但不大于 1 m/s 时,最小越程为 0.1 m。			SS 550 对轿厢和对重底部越程提出具体要求。GB 7588 未对此做出具体要求。
51	10.1.7	底部最大越程不可以大于以下值: (a) 轿厢为 0.6 m;(b) 对重为 0.9 m。			SS 550 对底部最大越程提出具体要求。GB 7588 未对此做出具体要求。
52	10.2.1	轿厢与井道壁之间的间距不应小于 20 mm,用于装卸货物的一侧除外。			SS 550 对轿厢与井道壁之间的间距提出具体要求。GB 7588 未对此做出具体要求。
53	10.2.3	对重与对重护栏之间的间距不应小于 20 mm。			SS 550 对对重与对重护栏之间的间距提出具体要求。GB 7588 未对此做出具体要求。
54	10.2.4	对重和井道壁之间的间隙不应小于 20 mm。			SS 550 对对重和井道壁之间的间隙提出具体要求。GB 7588 未对此做出具体要求。

续表

序号	新加坡 SS 550:2009(含有 1 号和 2 号修改单)（以下简称 SS 550）		我国 GB 7588—2003（以下简称 GB 7588）		备注
	项目编号	项目内容	项目编号	项目内容	
55	10.2.6	轿厢地坎与层门地坎边缘之间的间距应不小于 13 mm，但不应大于 40 mm。	11.2.2	轿厢地坎与层门地坎的水平距离不得大于 35 mm。	SS 550 与 GB 7588 对轿厢地坎与层门地坎的水平距离要求不同。
56	10.2.7	井道内表面与轿厢之间的水平间距应不大于 0.125 m。存在以下情况时，该间距可以放宽。（a）井道壁垂直高度不大于 0.5 m 时，该间距可以增加到 0.2 m；（b）对于层门是垂直滑动的货梯，该间距可以增加到 0.2 m；（c）如果轿门设置机械锁，且该门仅在层门的开锁区域内打开，则该值不限。	11.2.1	电梯井道内表面与轿厢地坎、轿厢门框架或滑动门的最近门口边缘的水平距离不应大于 0.15 m。上述给出的间距：（a）可增加到 0.2 m，其高度不大于 0.5 m。（b）对于采用垂直滑动门的载货电梯，在整个行程此间距可增加到 0.2 m。（c）如果轿厢装有机械锁紧的门且只能在层门的开锁区内打开，除了 7.7.2.2 所述情况以外，电梯的运行应自动地取决于轿门的锁紧，且轿门锁紧必须由符合 14.1.2 要求的电气安全装置来证实，则上述间距不受限制。	SS 550 比 GB 7588 对井道内表面与轿厢之间的水平间距的要求更苛刻。
57	11.1	所有电机应满足电梯运行时所需工作周期的要求，应可以频繁启动电机正反转和停止运行。电机启动时应有较大的转矩，且启动电流较小。正常运行时，绕组的最大温升应符合 IEC 60085 的要求。	13.3.3	当对电梯电动机过载的检测是基于电动机绕组的温升时，则只有在符合 13.3.6 时才能切断电动机的供电电源。	SS 550 对电机的启动转矩和启动电流提出要求，SS 550 与 GB 7588 对绕组温升要求不同。
58	11.2.2.2	被制动的部件应通过直接机械方式连接到曳引轮上。	12.4.2.2	被制动部件应以机械方式与曳引轮或卷筒、链轮直接刚性连接。	SS 550 对强制驱动方式的电梯未做明确规定。

续表

序号	新加坡 SS 550:2009(含有1号和2号修改单)(以下简称 SS 550)		我国 GB 7588—2003(以下简称 GB 7588)		备注
	项目编号	项目内容	项目编号	项目内容	
59	12.1.2	井道内的布线要求如下： (a) 电缆不应在电梯井道内(属于电梯设备构成部分的除外)。 (b) 井道内被固定的电线应是下列类型之一： (i) 防火型； (ii) 敷设于刚性金属穿线管或者护套内的PVC线； (iii) 预制的PVC绝缘护套线缆，这些线缆应是阻燃型的； (iv) 长度不超过1.5 m的金属柔性导体或铠装电缆可以位于接线盒与限位开关、连锁、撤压按钮及其类似装置之间。 (c) 井道内所有电气设备的带电部件应加以封闭，以防止直接或间接接触。	13.5.1	在机房、滑轮间和电梯井道中，导线和电缆应依据国家标准选用。同时考虑到13.1.1.2的要求，除随行电缆外，其质量至少应等效于 GB 5023.3 和 GB 5013.4的规定。 13.5.1.1 符合GB 5023.3—1997 第2章[227IEC01(BV)]、第3章[227IEC02(RV)]、第4章[227IEC05(BV)]和第5章[227IEC06(RV)]的导线，只有当其被敷设于金属或塑料制成的导管(或线槽)内或以一种等效的方式保护时才能使用。 注：这些规定用来替换列在 GB 5023.1—1997 附录 A 内的规定。 13.5.1.2 机械和电气性能不低于GB 5023.4—1997 第2章要求的护套电缆可明敷在井道(或机房)墙壁上，或装在导管、线槽或类似装置内使用。 13.5.1.3 符合GB 5013.4—1997 第3章[245IEC53(YZ)]以及 GB 5023.5—1997第 5 章 [227IEC52(RVV)]要求的软线，只有装在导管、线槽或能确保起到等效防护作用的装置中时才能使用。	

续表

序号	新加坡 SS 550:2009(含有1号和2号修改单)(以下简称 SS 550)		我国 GB 7588—2003（以下简称 GB 7588）		备注
	项目编号	项目内容	项目编号	项目内容	
				符合 GB 5013.4—1997 第 5 章[245IEC 66（YCW）]要求的电缆，可以按 13.5.1.2 中规定条件下的电缆一样使用，并可用于连接移动设备（除轿厢的随行电缆以外）或用于易受振动的场合。 符合 GB 5023.6 以及 GB 5013.5 要求的电梯电缆，可在这些文件的限制范围内用作连接轿厢的电缆。 总之，所选用的随行电缆至少应具有等效的质量。 13.5.1.4 下述情况无须执行 13.5.1.1、13.5.1.2 和 13.5.1.3 的要求： (a) 除连接层门上电气安全装置外的导线或电缆，如果： (i) 它们承受的额定输出不大于 100 VA； (ii) 两极（或相）间电压，或极（或相）对地之间电压正常时不大于 50 V。 (b) 控制柜中或控制屏上的控制或配电装置的配线： (i) 电气设备中不同器件间的配线； (ii) 这些器件与连接端子间的配线。	GB 7588 对井道布线的要求更高。

续表

序号	新加坡 SS 550:2009（含有 1 号和 2 号修改单）（以下简称 SS 550）		我国 GB 7588—2003（以下简称 GB 7588）		备注
	项目编号	项目内容	项目编号	项目内容	
60	12.1.3	连接电梯与机房或抗湿外壳内的接线盒的柔性随行电缆应符合 EN 50214 或同等规范的要求。对于自由悬挂长度超过 45 m 的随行电缆，应配置应力承重构件，以承受电缆组件的重量，并应提供适当的电缆挂钩。	13.5.1.3 13.5.3.5	符合 GB 5023.6 以及 GB 5013.5 要求的电梯电缆，可在这些文件的限制范围内用作连接轿厢的电缆。 为确保机械防护的连续性，导线和电缆的保护外皮应完全进入开关和设备的壳体或接入一个合适的封闭装置中。当由于部件运动或框架本身锋利边缘具有损伤导线和电缆的危险时，则与电气安全装置连接的导线应加以机械保护。	SS 550 对随行电缆的受力构件提出具体要求。GB 7588 未对此提出要求。
61	12.1.4	随行电缆摆动时会接触到井道内建筑物的凸出部分或有角的部分（如分隔梁、壁架及相似物），应当通过大尺寸的金属板材或其他可接受的方式对这些不规则的表面进行加工使其平滑。			SS 550 对随行电缆摆动时接触到井道内建筑物的凸出部分或有角部分提出具体要求。GB 7588 未对此提出要求。
62	12.2.2	每台电梯都应当安装能与电梯外部人员联系的电话、对讲系统或其他通信装置。 注：对于楼内不是 24 小时有人值守的情况，通信装置应转接到楼外的人员。			SS 550 对于楼内不是 24 小时有人值守的情况，通信装置应转接到楼外的人员。GB 7588 未对此做出要求。
63	12.3	所有客梯应配置应急电源，该应急电源能单独充电。该应急电源应为满足 IEC 62040-1 标准的不间断电源（UPS），UPS 的电能应足以供照明灯、风扇、警铃和对讲系统工作 4 小时。对于配置自动电源备用供电系统或者自动救援装置的电梯，持续时间可减至 2 小时。如果自动救援装置的供电也满足 IEC 62040-1 标准，那么该 UPS 可集成在自动救援装置的供电系统。	8.17.4	应有自动再充电的紧急照明电源，在正常照明电源中断的情况下，它能至少供 1 W 灯泡用电 1 小时。 在正常照明电源一旦发生故障的情况下，应自动接通紧急照明电源。	SS 550 对应急电源的供电持续能力要求较高，UPS 的电能应足以供照明灯、风扇、警铃和对讲系统工作 4 小时，但未对照明装置的功率提出要求。

续表

序号	新加坡 SS 550:2009（含有 1 号和 2 号修改单）（以下简称 SS 550）		我国 GB 7588—2003（以下简称 GB 7588）		备注
	项目编号	项目内容	项目编号	项目内容	
64	13.1.1.1	电源断电时备用的自动供电系统的供电能力应满足 SS 535 的要求，并能提供 13.1.1.2 至 13.1.3 中紧急操作所需的电源、13.1.7 中的撤离电梯的运行以及能提供 13.2 中消防电梯的运行。因此，电源断电时备用的自动供电系统应能提供消防电梯一直运行，以及其他所有电梯的紧急和救援操作所需的电源。对于相关部门没有要求配置该供电系统的建筑，应配置自动救援装置（ARD），以满足 13.1.1.2 关于紧急操作的要求。ARD 应有足够的容量，以保证至少持续两次紧急操作，且在实施紧急操作后 6 小时内 ARD 应能充满电。			GB 7588 无消防电梯、自动救援装置的相关内容。
65	13.1.1.2	在断电情况下，电梯的供电应自动切换到由备用供电系统产生的紧急供电电源，消防电梯和撤离电梯应驶向指定楼层。同时，其他电梯，包括手动操作轿门的电梯，驶向指定楼层。乘客电梯先驶向指定楼层，接着是服务电梯和货梯驶向指定楼层。所有电梯停靠在指定楼层，且门保持打开状态。而手动操作轿门的电梯可停在任一层站，且门保持打开。该手动操作门的电梯停在原处并处于非运行状态。之后，除了消防电梯和撤离电梯外，只要紧急供电系统的供电能力足够，另外一台或多台电梯也可以恢复运行。若建筑物内未设置电源断电时备用的自动供电系统，电梯应配置自动救援装置。这些电梯应就近平层且门保持打开。正常的供电恢复后，电梯应能自动恢复运行。			SS 550 对断电情况下的紧急操作做出了详细规定，同时还提出了对撤离电梯的要求，对火灾情况下保障人员安全提出更高的要求，特别是对弱势群体保护更为重视，譬如孕妇、残障人士、老人等。而 GB 7588 无相关内容。

续表

序号	新加坡 SS 550:2009（含有 1 号和 2 号修改单）（以下简称 SS 550）		我国 GB 7588—2003（以下简称 GB 7588）		备注
	项目编号	项目内容	项目编号	项目内容	
66	13.1.2	火灾探测器一旦探测到发生火灾，电梯应停靠在指定楼层，门保持打开。一旦指定楼层有火灾发生，电梯应驶向备选的指定楼层。电梯到达指定楼层或者备选的指定楼层后，电梯应该自动停止运行。对于门是手动操作的电梯，它在某一层站应保持停止运行且取消正常运行状态，门保持打开状态。对于相关部门不要求配置电源断电时备用的自动供电系统的建筑，电梯任何一个门厅处应配置火灾探测器。在正常供电状态下，火灾探测器一旦动作，服务于相同门厅的所有电梯就应自动驶向指定楼层或者备选的指定楼层。如果火灾探测器没有检测到火灾，电梯的正常运行应由手动复位。对火灾报警面板进行复位操作通过下面所述的钥匙开关进行复位。应设置标有"自动""手动报警""手动报警直驶"三种状态字样的钥匙开关。经过相关部门批准，也可以采用其他类似于这种钥匙开关的对等装置。这个开关的作用如下： (a) 当在"自动"位置时，电梯应正常运行，13.1.2 和 13.1.3 中紧急操作装置被触发会起作用。 (b) 在"手动报警"位置时，13.1.2 中描述的紧急操作由手动触发，且与火灾探测装置相独立。 (c) 在"手动报警直驶"位置时，电梯绕过火灾探测装置返回到正常运行状态。 钥匙操作的开关应在"自动"或"手动报警"位置时，钥匙才能被拔下来。			SS 550 对火灾探测器检测出火灾后电梯的运行提出具体要求，这有利于火灾情况下第一时间对需要救助的人员实施紧急救援，大大提高了火灾情况下被困人员的救援效率。GB 7588 无相关内容。
67	13.1.3	为了防止断电和火灾同时发生，电梯操作应符合 13.1.2 的要求，此时电源供电来自电源断电时备用的自动供电系统。			SS 550 对断电和火灾同时发生的极端情况下电梯供电做出要求。GB 7588 无相关内容。

续表

序号	新加坡 SS 550:2009（含有 1 号和 2 号修改单）（以下简称 SS 550）		我国 GB 7588—2003（以下简称 GB 7588）		备注
	项目编号	项目内容	项目编号	项目内容	
68	13.1.5	如果客梯或服务电梯当作撤离电梯使用，撤离开关动作应使电梯处于 13.2.2 中所述的消防员服务状态，这与上述紧急运行状态是相互独立的。			对于将客梯或服务电梯作为撤离电梯使用的情况，SS 550 中规定撤离开关动作会触发电梯进入消防员服务状态。GB 7588 无相关内容。
69	13.1.6	在每个层站处的明显位置应张贴以下警示标识，其上标有"一旦发生火灾，请勿使用"字样，但是用于撤离用途的电梯除外。			SS 550 允许火灾情况下使用撤离电梯对弱势群体进行救助。GB 7588 无相关内容。
70	13.1.7	如果有关部门要求，至少有一台客梯或服务电梯当作撤离电梯，那么该电梯专属于被授权的紧急操作人员在紧急情况下使用，在指定楼层或备选的指定楼层配有一个面板可击碎的盒子，上面标有"撤离开关"字样，拨动此开关，紧急操作人员可以控制该电梯，外招按钮不起作用。 同样，13.2.1.3、13.2.1.4、13.2.1.5、13.2.1.6 和 13.2.2 适用于指定的撤离电梯，所有与"消防电梯开关"相关的术语都是"撤离开关"的意思，"消防电梯"指"撤离电梯"，"消防员服务"指"撤离服务"。			SS 550 对撤离电梯的指定楼层及备选的指定楼层的操作开关提出具体要求。GB 7588 无相关内容。
71	13.1.8	如果有关部门要求，那么除了消防电梯和撤离电梯之外，其他所有的客梯和服务电梯应配置二次撤离开关。 二次撤离开关动作应使电梯处于 13.2.2 所述的"消防员模式"状态。 仅在消防控制中心或中央操纵站配置二次撤离开关。如果该中心没有这样的二次撤离开关，那么二次撤离开关应位于指定楼层的层门旁。该开关与 13.2.1.6 所述的消防开关类似，面板的标识应为"二次撤离开关"。			SS 550 对二次撤离开关提出具体要求。GB 7588 无相关内容。

续表

序号	新加坡 SS 550:2009(含有 1 号和 2 号修改单)(以下简称 SS 550)		我国 GB 7588—2003(以下简称 GB 7588)		备注
	项目编号	项目内容	项目编号	项目内容	
72	13.2	根据有关部门的要求,至少应有一台客梯用作消防电梯,在紧急状况下由消防员专用。该消防电梯在指定楼层处设置一个开关,开关位于标有"前端可击碎"标识的盒子内,盒身标有"消防开关"字样,这样消防员无须在层站按下呼梯按钮即可操作电梯。消防电梯应有一个面积不小于 1.45 m² 的轿底,能承受至少 545 kg 的载重。电梯应能在一分钟内从指定楼层到达顶层。对于楼层超过 40 层的建筑,消防电梯轿底净面积应至少达到 1.7 m(长)× 1.5 m(宽)。消防电梯在指定楼层处应设置显示电梯位置的楼层显示器。消防电梯内呼和外呼的控制要求如下: (a)电梯应配置动力驱动的水平滑动自动门。 (b)如果层站呼梯控制出现故障(如短路),同时电梯处于消防员紧急服务状态时,不应影响消防电梯的正常运行。 (c)门重开装置应有效,门的开关仅由"开门"和"关门"按钮来控制。 消防电梯的电源要求如下: 对于在公共建筑或其他建筑内设置 13.1.1 所述的备用供电系统,消防电梯的电源应连接至专用于该电梯的辅助电路,该电路应独立于其他主电路或辅助电路。当一台消防电梯是一组电梯中的一台时,其他电梯的供电可能来自同一电源,而消防电梯使用独立电源。因此,其他电梯电源发生故障,应不影响消防电梯的正常运行。敷设的电梯供电电缆应能经过火灾风险相对小的区域。目的是确保能给消防电梯持续供电。消防电梯的开关要求如下:			新加坡对大楼内的消防高度重视,电梯作为楼内的重要组成部分,火灾情况下对保障人员安全起到至关重要的作用。因此,SS 550 对消防电梯做出强制要求,最大程度保证消防人员进入火灾区域进行紧急救援,为保证人民财产安全赢得宝贵时间。

序号	新加坡 SS 550:2009（含有 1 号和 2 号修改单）（以下简称 SS 550）		我国 GB 7588—2003（以下简称 GB 7588）		备注
	项目编号	项目内容	项目编号	项目内容	
		（a）消防电梯开关应是拨动开关或者带两个按钮的开关，清晰地标有"ON（开）"和"OFF（关）"。"ON（开）"和"OFF（关）"两个按钮应能互锁。禁止使用钥匙开关。消防电梯的开关应位于建筑物的指定楼层，且位于层门附近。消防电梯开关盒应与电梯门并排，开关盒的高度不超过2.1 m。 （b）如上所述，在指定楼层和备选的指定楼层应各配置一个消防电梯开关。其中一个开关动作应使电梯转换为"消防员模式"。一旦其中的消防电梯开关处于"打开"状态，另一个消防电梯开关应忽略响应。 （c）为了确保消防员完全控制消防电梯，操作消防电梯的开关应该优先于轿内呼梯按钮，开关动作后电梯应立即返回指定楼层。不要求消防电梯开关优先于有权限的人员操作的电梯紧急开关。 （d）消防电梯开关拨到"开"状态时，电梯就会从集中控制状态转换到非集中控制状态。这样可以避免消防员在操作消防电梯开关后，因集中控制操作而失去对电梯的控制。消防电梯开关拨到"关"时，电梯应自动转换到正常运行状态，此时正常运行状态在消防电梯开关动作之前。这种特性可以确保消防电梯开关能复位，消防员可以重新操作它，把电梯从任何位置召唤到指定楼层，供消防员使用。 （e）消防电梯不仅供消防员使用，也供乘客使用。 （f）消防电梯的运行应该符合13.2.2的要求，其安装后应该通过验收测试。 消防电梯的运行要求如下： 当打开消防电梯的开关时，消防电梯应按照以下要求运行：			

续表

序号	新加坡 SS 550:2009（含有1号和2号修改单）（以下简称 SS 550）		我国 GB 7588—2003（以下简称 GB 7588）		备注
	项目编号	项目内容	项目编号	项目内容	
		（a）应与司机操作和群控系统断开。可供选择的办法是，对于由司机操作的自动电梯，应给司机一个听觉和视觉的关门信号，一旦关闭，电梯就会驶向指定楼层而不响应轿厢或层站的召唤。消防电梯开关优先于所有控制开关，但是紧急开关、检修开关或其他安全电路的开关除外。 （b）不响应任何轿厢或层站召唤。 （c）如果向与指定楼层相反的方向运行，那么会在下一个层站停止运行，然后在不打开门的情况下，向指定楼层运行，且不响应轿厢或层站召唤。 （d）如果向指定楼层方向运行，那么不响应轿厢或层站召唤而继续向指定楼层运行。 （e）如果是停在指定楼层以外的楼层，那么在不响应轿厢或层站召唤的情况下关门并返回到指定楼层。 （f）应当停靠在指定楼层且打开门，同时自动切换到消防员紧急服务状态。 （g）消防员紧急服务状态按下列要求运行： （i）只能通过连续按压关门按钮或轿厢呼梯按钮，才能关闭动力驱动的门。如果在门达到完全关闭状态之前释放按钮，门应自动再次打开，且所有已经登记的轿厢呼梯信号都被取消。轿厢呼梯信号可重新登记。 （ii）为了让消防员有权更改已经登记的呼梯信号，一旦登记一个新的呼梯信号，原来的呼梯信号会取消。这种情况仅在新的呼梯信号登记时轿厢不在减速状态才会发生。如果新登记的呼梯指令与行驶方向相同，那么电梯应运行到新登记指令对应的楼层。但电梯响应原有呼梯指令并减速时，电梯应就近停靠，且门不打开并驶向新登记指令的楼层。			

续表

序号	新加坡 SS 550:2009(含有1号和2号修改单)（以下简称 SS 550）		我国 GB 7588—2003（以下简称 GB 7588）		备注
	项目编号	项目内容	项目编号	项目内容	
		如果新登记的呼梯指令与行驶方向相反，那么电梯应就近停靠，且门不打开并驶向新登记指令的楼层。当电梯到达登记的楼层时，电梯门应保持完全关闭。持续按压"开门"按钮应能打开动力驱动的门。如果按钮在门达到完全打开状态之前就被释放了，那么门应自动再次关闭。新的轿厢呼梯信号可重新登记。(h) 备选的指定楼层消防电梯开关的动作类似于上述 13.2.2 和 13.2.1.6 的子条款，只是其中"指定楼层"换成"备选的指定楼层"。其中一个消防电梯开关拨在"打开"状态，该开关动作优先，之后如果另一个消防电梯开关拨在"打开"状态，将不起作用。为了让电梯恢复正常运行，两个在指定楼层和备选指定楼层的消防电梯开关均须处于"关闭"状态。			
73	14	当电梯响应了最后一个召唤信号并停靠在指定楼层时，如果没有其他呼梯信号，则轿门和层门应保持关闭。在一段时间后没有呼梯信号，则轿厢里的照明装置和风扇都应该自动关闭。			SS 550 对电梯照明装置和风扇提出了节能要求。GB 7588 无相关内容。
74	附录 G	从设备的选择和设计开始就应考虑节能问题，以满足电梯运行的需求。也应对这些设备进行管理，以解决电梯系统的节能问题。			SS 550 对曳引机、控制系统、平衡系数、井道布局、轿厢照明、通风和装修、编程、保养等提出了节能要求，对电梯使用效率也有明确规定。

附录　新加坡电梯承建商列表

承建商名称	工号（WORKHEADS）	描述	等级
2002 ELEVATOR	ME09	电梯和自动扶梯安装	L1
	RW02	电梯承建商	Single Grade
4U ENGINEERING PTE. LTD.	ME09	电梯和自动扶梯安装	L1
	RW02	电梯承建商	Single Grade
	RW03	自动扶梯承建商	Single Grade
9G ELEVATOR PTE. LTD.	ME09	电梯和自动扶梯安装	L5
	RW02	电梯承建商	Single Grade
	RW03	自动扶梯承建商	Single Grade
ACCESS BUILDERS PTE. LTD.	RW02	电梯承建商	Single Grade
ALERT CO PTE. LTD.	RW02	电梯承建商	Single Grade
ALFA TECH VESTASIA PTE. LTD.	ME09	电梯和自动扶梯安装	L1
	RW02	电梯承建商	Single Grade
	RW03	自动扶梯承建商	Single Grade
ALNIFF INDUSTRIES PTE. LTD.	ME09	电梯和自动扶梯安装	L1
	RW02	电梯承建商	Single Grade
AL-SUS INDUSTRIES PTE. LTD.	ME09	电梯和自动扶梯安装	L3
	RW02	电梯和自动扶梯安装	Single Grade
AMVIN LIFT & ESCALATOR SERVICES PTE. LTD.	RW02	电梯承建商	Single Grade
ARBEIT SICHER PTE. LTD.	RW02	电梯承建商	Single Grade
ARON LIFTS INTERNATIO-NAL PTE. LTD.	ME09	电梯和自动扶梯安装	L2
	RW02	电梯承建商	Single Grade
ASTEC TECHNOLOGY PTE. LTD.	CR01	电梯承建商	Single Grade
	RW02		
ASTRONIC SERVICES & TRADING PTE. LTD.	RW02	电梯承建商	Single Grade
AUTOPARK ENGINEERING & TRADING PTE. LTD.	ME09	电梯和自动扶梯安装	L2
	RW02	电梯承建商	Single Grade

续表

承建商名称	工号（WORKHEADS）	描述	等级
AVEREST ELEVATOR(S) PTE. LTD.	ME09	电梯和自动扶梯安装	L1
	RW02	电梯承建商	Single Grade
BD CRANETECH PTE. LTD.	RE02	电梯承建商	Single Grade
BHARANI CORPORATION PTE. LTD.	ME09	电梯和自动扶梯安装	L1
	RW02	电梯承建商	Single Grade
BNF ENGINEERING(S) PTE. LTD.	ME09	电梯和自动扶梯安装	L4
	RW02	电梯承建商	Single Grade
BOON ENGINEERING LLP	ME09	电梯和自动扶梯安装	L1
	RW02	电梯承建商	Single Grade
	RW03	自动扶梯承建商	Single Grade
BQR ENGINEERING SOLUTIONS PTE. LTD.	RW02	电梯承建商	Single Grade
	RW03	自动扶梯承建商	Single Grade
BRILLIANT ELEVATOR (SINGAPORE) PTE. LTD.	ME09	电梯和自动扶梯安装	L1
	RW02	电梯承建商	Single Grade
C&W SERVICES OPERATIONS PTE. LTD.	ME09	电梯和自动扶梯安装	L6
	RW02	电梯承建商	Single Grade
	RW03	自动扶梯承建商	Single Grade
CA FACILITIES PTE. LTD.	RW02	电梯承建商	Single Grade
CA M&E ENGINEERING PTE. LTD.	ME09	电梯和自动扶梯安装	L4
	RW02	电梯承建商	Single Grade
	RW03	自动扶梯承建商	Single Grade
CH M&E GROUP PTE. LTD.	ME09	电梯和自动扶梯安装	L2
	RW02	电梯承建商	Single Grade
CHEVALIER SINGAPORE HOLDINGS PTE. LTD.	ME09	电梯和自动扶梯安装	L6
	RW02	电梯承建商	Single Grade
	RW03	自动扶梯承建商	Single Grade
CLEAR CUT SERVICES PTE. LTD.	ME09	电梯和自动扶梯安装	L1
	RW02	电梯承建商	Single Grade
	RW03	自动扶梯承建商	Single Grade
CONSTRUC TECH PTE. LTD.	RW02	电梯承建商	Single Grade
CONSTRUCTIONS INDUSTRIELLES DE LA MEDITERRANEE-CNIM SINGAPORE PRIVATE LIMITED	ME09	电梯和自动扶梯安装	L
	RW02	电梯承建商	Single Grade

续表

承建商名称	工号(WORKHEADS)	描述	等级
CPG FACILITIES MANAGEMENT PTE. LTD.	RW03	自动扶梯承建商	
	ME09	电梯和自动扶梯安装	L3
	RW02	电梯承建商	Single Grade
CT ELEVATOR PTE. LTD.	ME09	电梯和自动扶梯安装	L5
	RW02	电梯承建商	Single Grade
	RW03	自动扶梯承建商	Single Grade
CUBOID ELEVATOR ENGINEERING PTE. LTD.	ME09	电梯和自动扶梯安装	L1
	RW02	电梯承建商	Single Grade
CUBOID ELEVATOR LLP	ME09	电梯和自动扶梯安装	L1
	RW02	电梯承建商	Single Grade
DDT SYSTEMS PTE. LTD.	RW02	电梯承建商	Single Grade
DECOR ENGINEERING PTE. LTD.	ME09	电梯和自动扶梯安装	L1
	RW02	电梯承建商	Single Grade
	RW03	自动扶梯承建商	Single Grade
DEMBICON EQUIPMENT PTE. LTD.	RW02	电梯承建商	Single Grade
DIN FUNG CONSTRUCTION PTE. LTD.	ME09	电梯和自动扶梯安装	L1
	RW02	电梯承建商	Single Grade
	RW03	自动扶梯承建商	Single Grade
D-OCEAN TESTING & INSPECTION PTE. LTD.	RW02	电梯承建商	Single Grade
E M SERVICES PRIVATE LIMITED	ME09	电梯和自动扶梯安装	L6
	RW02	电梯承建商	Single Grade
EAST ELEVATORS PRIVATE LIMITED	ME09	电梯和自动扶梯安装	L2
	RW02	电梯承建商	Single Grade
	RW03	自动扶梯承建商	Single Grade
EASTERN ELEVATOR (ASIA) PTE. LTD.	ME09	电梯和自动扶梯安装	L3
	RW02	电梯承建商	Single Grade
	RW03	自动扶梯承建商	Single Grade
EE-TECH ELEVATOR PTE. LTD.	ME09	电梯和自动扶梯安装	L2
	RW02	电梯承建商	Single Grade
ELETEC ELEVATORS SINGAPORE PTE. LTD.	ME09	电梯和自动扶梯安装	L3
	RW02	电梯承建商	Single Grade
	RW03	自动扶梯承建商	Single Grade

续表

承建商名称	工号（WORKHEADS）	描述	等级
ELEVATING STUDIO PTE. LTD.	RW02	电梯承建商	Single Grade
	RW03	自动扶梯承建商	Single Grade
ELEYON ENGINEERING SERVICES PTE. LTD.	RW02	电梯承建商	Single Grade
ESSENTIALS ENGINEERING PTE. LTD.	ME09	电梯和自动扶梯安装	L1
	RW02	电梯承建商	Single Grade
	RW03	自动扶梯承建商	Single Grade
EXCELIFT PTE. LTD.	ME09	电梯和自动扶梯安装	L3
	RW02	电梯承建商	Single Grade
FB INDUSTRIES PRIVATE LIMITED	ME09	电梯和自动扶梯安装	L2
	RW02	电梯承建商	Single Grade
	RW03	自动扶梯承建商	Single Grade
FEI HONG ENGINEERING PTE. LTD.	ME09	电梯和自动扶梯安装	L1
	RW02	电梯承建商	Single Grade
	RW03	自动扶梯承建商	Single Grade
FIRST STEP ELEVATOR PTE. LTD.	ME09	电梯和自动扶梯安装	L1
	RW02	电梯承建商	Single Grade
FONDA GLOBAL ENGINEERING PTE. LTD.	RW02	电梯承建商	Single Grade
FSA BUILDING & CONSTRUCTION PTE. LTD.	ME09	电梯和自动扶梯安装	L1
	RW02	电梯承建商	Single Grade
	RW03	自动扶梯承建商	Single Grade
FUJITEC SINGAPORE CORPORATION LTD	ME09	电梯和自动扶梯安装	L6
	RW02	电梯承建商	Single Grade
	RW03	自动扶梯承建商	Single Grade
GHONG ENGINEERING PTE. LTD.	ME09	电梯和自动扶梯安装	L1
	RW02	电梯承建商	Single Grade
	RW03	自动扶梯承建商	Single Grade
G3 SYSTEM PTE. LTD.	ME09	电梯和自动扶梯安装	L1
	RW02	电梯承建商	Single Grade
GB M&E PTE. LTD.	RW02	电梯承建商	Single Grade
	RW03	自动扶梯承建商	Single Grade

续表

承建商名称	工号（WORKHEADS）	描述	等级
GHIM SENG ENGINEERING PTE. LTD.	ME09	电梯和自动扶梯安装	L1
	RW02	电梯承建商	Single Grade
GRACE ELECTRICAL ENGINEERING PTE. LTD.	ME09	电梯和自动扶梯安装	L2
	RW03	自动扶梯承建商	Single Grade
GREENSTYLE PTE. LTD.	RW02	电梯承建商	Single Grade
GYLET ELEVATOR CO PTE. LTD.	ME09	电梯和自动扶梯安装	L4
	RW02	电梯承建商	Single Grade
	RW03	自动扶梯承建商	Single Grade
GYLET PROJECT(S) PTE. LTD.	ME09	电梯和自动扶梯安装	L1
	RW02	电梯承建商	Single Grade
	RW03	自动扶梯承建商	Single Grade
H P ELEVATOR & ENGINEERING PTE. LTD.	ME09	电梯和自动扶梯安装	L3
	RW02	电梯承建商	Single Grade
HENRY ELECTRICAL PTE. LTD.	ME09	电梯和自动扶梯安装	L1
	RW02	电梯承建商	Single Grade
HIN CHONG ENGINEERING CONSTRUCTION PTE. LTD.	ME09	电梯和自动扶梯安装	L1
	RW02	电梯承建商	Single Grade
	RW03	自动扶梯承建商	Single Grade
HITACHI ELEVATOR ASIA PTE. LTD.	ME09	电梯和自动扶梯安装	L6
	RW02	电梯承建商	Single Grade
	RW03	自动扶梯承建商	Single Grade
HONG HUI PTE. LTD.	ME09	电梯和自动扶梯安装	L1
	RW02	电梯承建商	Single Grade
	RW03	自动扶梯承建商	Single Grade
HOP ON ELEVATOR INSTALLATION	RW02	电梯承建商	Single Grade
HRC HARVEST RESOURCES PTE. LTD.	RW02	电梯承建商	Single Grade
HUE TECHNOLOGY PTE. LTD.	RW02	电梯承建商	Single Grade
HUI HUANG ELEVATOR & ENGINEERING PTE. LTD.	ME09	电梯和自动扶梯安装	L1
	RW02	电梯承建商	Single Grade
HUP YAM SENG	ME09	电梯和自动扶梯安装	L1

续表

承建商名称	工号(WORKHEADS)	描述	等级
	RW02	电梯承建商	Single Grade
	RW03	自动扶梯承建商	Single Grade
INSTANT ACCESS SYSTEMS PTE. LTD.	RW02	电梯承建商	Single Grade
INTERLIFT SALES PTE. LTD.	RW02	电梯承建商	Single Grade
INTERNATIONAL TESTING CO. PTE. LTD.	RW02	电梯承建商	Single Grade
JIA YUN ENGINEERING PTE. LTD.	ME09	电梯和自动扶梯安装	L1
	RW02	电梯承建商	Single Grade
	RW03	自动扶梯承建商	Single Grade
JORDANS ELEVATOR(S) PTE. LTD.	ME09	电梯和自动扶梯安装	L3
	RW02	电梯承建商	Single Grade
	RW03	自动扶梯承建商	Single Grade
JOVEN ENGINEERING PTE. LTD.	ME09	电梯和自动扶梯安装	L1
	RW02	电梯承建商	Single Grade
KEN-JO INDUSTRIES PTE. LTD.	ME09	电梯和自动扶梯安装	L4
	RW02	电梯承建商	Single Grade
	RW03	自动扶梯承建商	Single Grade
KH LIFT & ELEVATOR PTE. LTD.	ME09	电梯和自动扶梯安装	L2
	RW02	电梯承建商	Single Grade
	RW03	自动扶梯承建商	Single Grade
KIAN HENG ENGINEERING WORKS PTE. LTD.	RW02	电梯承建商	Single Grade
KIEN LEE ENGINEERING PTE. LTD.	ME09	电梯和自动扶梯安装	L1
	RW02	电梯承建商	Single Grade
KIM YIN ENGINEERING PTE. LTD.	ME09	电梯和自动扶梯安装	L1
	RW02	电梯承建商	Single Grade
	RW03	自动扶梯承建商	Single Grade
KINDLY CONSTRUCTION & SERVICES PTE. LTD.	ME09	电梯和自动扶梯安装	L5
	RW02	电梯承建商	Single Grade
	RW03	自动扶梯承建商	Single Grade
KONE PTE. LTD.	ME09	电梯和自动扶梯安装	L6
	RW02	电梯承建商	Single Grade

续表

承建商名称	工号 (WORKHEADS)	描述	等级
KONG SIAH ENGINEERING PTE. LTD.	RW03	自动扶梯承建商	Single Grade
	ME09	电梯和自动扶梯安装	L2
	RW02	电梯承建商	Single Grade
	RW03	自动扶梯承建商	Single Grade
KOON SENG ELECTRICAL ENGINEERING	RW02	电梯承建商	Single Grade
LEO ENGINEERING & SERVICES PTE. LTD.	RW02	电梯承建商	Single Grade
LIANG SENG HENG INDUSTRIES PTE. TED.	ME09	电梯和自动扶梯安装	L1
	RW02	电梯承建商	Single Grade
LIFT AMBULANCE PTE. LTD.	RW02	电梯承建商	Single Grade
	RW03	自动扶梯承建商	Single Grade
LIFT CONNECTION(S) PTE. LTD.	ME09	电梯和自动扶梯安装	L1
	RW02	电梯承建商	Single Grade
LIFT HUB ENGINEERING PTE. LTD.	ME09	电梯和自动扶梯安装	L2
	RW02	电梯承建商	Single Grade
	RW03	自动扶梯承建商	Single Grade
LIFT WORKS PTE. LTD.	ME09	电梯和自动扶梯安装	L1
	RW02	电梯承建商	Single Grade
	RW03	自动扶梯承建商	Single Grade
LIFTCARE PTE. LTD.	RW03	自动扶梯承建商	Single Grade
	ME09	电梯和自动扶梯安装	L2
	RW02	电梯承建商	Single Grade
LIFTEC PTE. LTD.	ME09	电梯和自动扶梯安装	L1
	RW02	电梯承建商	Single Grade
LIFT-MECH ENGINEERING PTE. LTD.	ME09	电梯和自动扶梯安装	L2
	RW02	电梯承建商	Single Grade
LIFTRON ACCESS PTE. LTD.	ME09	电梯和自动扶梯安装	L1
	RW02	电梯承建商	Single Grade
LIFTRON PTE. LTD.	ME09	电梯和自动扶梯安装	L1
	RW02	电梯承建商	Single Grade
LOEDIGE SINGAPORE PTE. LTD.	RW02	电梯承建商	Single Grade

续表

承建商名称	工号（WORKHEADS）	描述	等级
LU BAN INTERNATIONAL(S) PTE. LTD.	ME09	电梯和自动扶梯安装	L1
	RW02	电梯承建商	Single Grade
LUXLIFT ASIA PTE. LTD.	ME09	电梯和自动扶梯安装	L1
	RW02	电梯承建商	Single Grade
MACO TECHNICAL PTE. LTD.	RW02	电梯承建商	Single Grade
MEYER ENGINEERING PTE. LTD.	ME09	电梯和自动扶梯安装	L4
	RW02	电梯承建商	Single Grade
MICOLIFT PTE. LTD.	ME09	电梯和自动扶梯安装	L1
	RW02	电梯承建商	Single Grade
	RW03	自动扶梯承建商	Single Grade
MISC ENGINEERING PTE. LTD.	ME09	电梯和自动扶梯安装	L1
	RW02	电梯承建商	Single Grade
	RW03	自动扶梯承建商	Single Grade
MITSUBISHI ELEVATOR (SINGAPORE) PTE. LTD.	ME09	电梯和自动扶梯安装	L6
	RW02	电梯承建商	Single Grade
	RW03	自动扶梯承建商	Single Grade
MSP LIFT ENGINEERING PTE. LTD.	ME09	电梯和自动扶梯安装	L1
	RW02	电梯承建商	Single Grade
	RW03	自动扶梯承建商	Single Grade
NEWLIFT HOLDINGS PTE. LTD.	ME09	电梯和自动扶梯安装	L3
	RW02	电梯承建商	Single Grade
NEWSTEPS PTE. LTD.	RW02	电梯承建商	Single Grade
NORGEN INDUSTRIAL SERVICES PTE. LTD.	RW02	电梯承建商	Single Grade
NUTECH AUTOMATION PTE. LTD.	ME09	电梯和自动扶梯安装	L1
	RW02	电梯承建商	Single Grade
OTIS ELEVATOR COMPANY(S) PTE. LTD.	ME09	电梯和自动扶梯安装	L6
	RW02	电梯承建商	Single Grade
	RW03	自动扶梯承建商	Single Grade
OXFORD ELEVATORS COMPANY PTE. LTD.	ME09	电梯和自动扶梯安装	L1
	RW02	电梯承建商	Single Grade
	RW03	自动扶梯承建商	Single Grade

续表

承建商名称	工号（WORKHEADS）	描述	等级
OXLEY OTTO PTE. LTD.	ME09	电梯和自动扶梯安装	L1
	RW02	电梯承建商	Single Grade
PERFECT AUTOMATION CONTROL SYSTEM PTE. LTD.	ME09	电梯和自动扶梯安装	L1
	RW02	电梯承建商	Single Grade
PHOENIX ENGINEERING & TECHNOLOGIES PTE. LTD.	RW02	电梯承建商	Single Grade
PRINTEC PRIVATE LIMITED	ME09	电梯和自动扶梯安装	L1
	RW02	电梯承建商	Single Grade
	RW03	自动扶梯承建商	Single Grade
PROGRESS STEP ENGINEERING PTE. LTD.	ME09	电梯和自动扶梯安装	L1
	RW02	电梯承建商	Single Grade
	RW03	自动扶梯承建商	Single Grade
RAIL ENGINEERING SYSTEMS & SERVICES (SINGAPORE) PTE. LTD.	ME09	电梯和自动扶梯安装	L1
	RW02	电梯承建商	Single Grade
	RW03	自动扶梯承建商	Single Grade
RATEL PTE. LTD.	ME09	电梯和自动扶梯安装	L2
	RW02	电梯承建商	Single Grade
RE-ROPES SINGAPORE PTE. LTD.	RW02	电梯承建商	Single Grade
RISING HEIGHTS PTE. LTD.	RW02	电梯承建商	Single Grade
RSCE CORPORATION PTE. LTD.	ME09	电梯和自动扶梯安装	L1
	RW02	电梯承建商	Single Grade
	RW03	自动扶梯承建商	Single Grade
S S ELEVATORS PTE. LTD.	RW02	电梯承建商	Single Grade
S. MARK SERVICES PTE. LTD.	ME09	电梯和自动扶梯安装	L1
	RW02	电梯承建商	Single Grade
	RW03	自动扶梯承建商	Single Grade
SAAR ELEVO PTE. LTD.	ME09	电梯和自动扶梯安装	L1
	RW02	电梯承建商	Single Grade
SCATECH ENGINEERING PTE. LTD.	ME09	电梯和自动扶梯安装	L1
	RW02	电梯承建商	Single Grade
SCHINDLER LIFTS (SINGAPORE) PTE. LTD.	ME09	电梯和自动扶梯安装	L6
	RW02	电梯承建商	Single Grade
	RW03	自动扶梯承建商	Single Grade

续表

承建商名称	工号(WORKHEADS)	描述	等级
SGS TESTING & CONTROL SERVICES SINGAPORE PTE. LTD.	RW02	电梯承建商	Single Grade
	RW03	自动扶梯承建商	Single Grade
SIGMA ELEVATOR SINGAPORE PTE. LTD.	ME09	电梯和自动扶梯安装	L6
	RW02	电梯承建商	Single Grade
	RW03	自动扶梯承建商	Single Grade
SINGAPORE LIFT COMPANY PTE. LTD.	ME09	电梯和自动扶梯安装	L1
	RW02	电梯承建商	Single Grade
SINYA INDUSTRIES PTE. LTD.	ME09	电梯和自动扶梯安装	L1
	RW02	电梯承建商	Single Grade
SMRT TRAINS LTD.	RW02	电梯承建商	Single Grade
	RW03	自动扶梯承建商	Single Grade
SPNG CONSULTANTS PTE. LTD.	RW02	电梯承建商	Single Grade
	RW03	自动扶梯承建商	Single Grade
SWEE HIN ELEVATOR PTE. LTD.	ME09	电梯和自动扶梯安装	L1
	RW02	电梯承建商	Single Grade
SWEE HIN POWER SYSTEMS PTE. LTD.	RW02	电梯承建商	Single Grade
SYNERGY PROJECTS PTE. LTD.	ME09	电梯和自动扶梯安装	L1
	RW02	电梯承建商	Single Grade
SYSTEM AUTOMATION PTE. LTD.	RW02	电梯承建商	Single Grade
TAI HEE ENGINEERING TRADING PTE. LTD.	ME09	电梯和自动扶梯安装	L2
	RW02	电梯承建商	Single Grade
TAN AH LEE ENTERPRISE PTE. LTD.	ME09	电梯和自动扶梯安装	L2
	RW02	电梯承建商	Single Grade
	RW03	自动扶梯承建商	Single Grade
TAT SENG LEE ENGINEERING WORK PTE. LTD.	ME09	电梯和自动扶梯安装	L1
	RW02	电梯承建商	Single Grade
	RW03	自动扶梯承建商	Single Grade
TC BUILDER & MACHINERY PTE. LTD.	ME09	电梯和自动扶梯安装	L1
	RW02	电梯承建商	Single Grade
TEE BROTHERS PTE. LTD.	ME09	电梯和自动扶梯安装	L1
	RW02	电梯承建商	Single Grade

续表

承建商名称	工号（WORKHEADS）	描述	等级
THYSSENKRUPP ELEVATOR (SINGAPORE) PTE. LTD.	RW02	电梯承建商	Single Grade
	RW03	自动扶梯承建商	Single Grade
TMD MOBILITY PTE. LTD.	RW02	电梯承建商	Single Grade
TOH CHYE HOCK BUILDING CONTRACTOR PTE. LTD.	RW02	电梯承建商	Single Grade
TRADEMARK (ASIA) PTE. LTD.	ME09	电梯和自动扶梯安装	L2
	RW02	电梯承建商	Single Grade
	RW03	自动扶梯承建商	Single Grade
UG M&E PTE. LTD.	ME09	电梯和自动扶梯安装	L1
	RW02	电梯承建商	Single Grade
UNION JACK ELEVATOR PTE. LTD.	ME09	电梯和自动扶梯安装	L3
	RW02	电梯承建商	Single Grade
	RW03	自动扶梯承建商	Single Grade
VERTEC PTE. LTD.	ME09	电梯和自动扶梯安装	L1
	RW02	电梯承建商	Single Grade
VERTICAL ENGINEERING PTE. LTD.	ME09	电梯和自动扶梯安装	L1
	RW02	电梯承建商	Single Grade
VISION ELEVATOR COMPONENTS & SOLUTIONS PROVIDER PTE. LTD.	ME09	电梯和自动扶梯安装	L2
	RW02	电梯承建商	Single Grade
	RW03	自动扶梯承建商	Single Grade
VM ELEVATOR PTE. LTD.	ME09	电梯和自动扶梯安装	L4
	RW02	电梯承建商	Single Grade
	RW03	自动扶梯承建商	Single Grade
VOLKSLIFT ELEVATOR PTE. LTD.	RW02	电梯承建商	Single Grade
VSP PTE. LTD.	ME09	电梯和自动扶梯安装	L1
	RW02	电梯承建商	Single Grade
	RW03	自动扶梯承建商	Single Grade
WEI LONG ENGINEERING & CONSTRUCTION PTE. LTD.	ME09	电梯和自动扶梯安装	L1
	RW02	电梯承建商	Single Grade
	RW03	自动扶梯承建商	Single Grade
WYIN CONSTRUCTION	ME09	电梯和自动扶梯安装	L1
	RW02	电梯承建商	Single Grade

续表

承建商名称	工号（WORKHEADS）	描述	等级
XING YUAN ENGINEERING PTE. LTD.	ME09	电梯和自动扶梯安装	L1
	RW02	电梯承建商	Single Grade
	RW03	自动扶梯承建商	Single Grade
XJ ELEVATOR PRIVATE LIMITED	ME09	电梯和自动扶梯安装	L5
	RW02	电梯承建商	Single Grade
	RW03	自动扶梯承建商	Single Grade
YAGERTEC SYSTEM SOLUTIONS(S) PTE. LTD.	RW02	电梯承建商	Single Grade
YAHONG ENGINEERING PTE. LTD.	RW02	电梯承建商	Single Grade
	RW03	自动扶梯承建商	Single Grade
YONGYANG LIFT ENGINEERING PTE. LTD.	ME09	电梯和自动扶梯安装	L1
	RW02	电梯承建商	Single Grade
	RW03	自动扶梯承建商	Single Grade
YONGYANG PTE. LTD.	RW02	电梯承建商	Single Grade